아이의 미래를 좌우하는

엄마의 기질공부

아이의 미래를 좌우하는
엄마의 기질공부

© 이주아, 2025

초판 1쇄 발행 2025년 3월 3일

지은이   이주아
펴낸이   이주아
편집   좋은땅 편집팀
펴낸곳   도서출판 마인드 이펙트
주소   수원시 영통구 중부대로 271번길 27-9
전화   0507-1336-7375
이메일   happytalent@naver.com
홈페이지   https://blog.naver.com/happytalent

ISBN   979-11-990543-0-1 (03180)

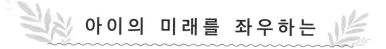

아이의 미래를 좌우하는

엄마의 기질공부

이주아 지음

마인드이펙트
Mind Effect

사람이 태어난 이유에 대해 의문을 품게 되었어요.

  농촌에서 태어나 천진난만하게 자라 오던 저는 중3 때 사고로 엄마가 갑작스레 돌아가시게 된 후, 전혀 다른 방향의 것들에 관심을 가지게 되었어요. 인간이 영원히 살지 않는구나를 실감한 후, 사람은 결국엔 죽게 되는데 왜 태어나는 것인지에 대한 의문이 크게 자리했어요.

  한 평생 넉넉하지 못한 환경에 놓여, 농사일 하느라 여기저기 쑤시는 고된 몸과 쪼들리는 경제상황에 대한 스트레스 속에서 힘들게 사신 나의 엄마. 그 와중에도 동네에서 힘든 사람들을 보면 따뜻한 마음으로 정을 나누고, 자식들에게는 한없이 따뜻하며 친절하고 사랑이 많던 엄마였어요. 그렇게 착한 우리 엄마에게도 결국 찾아오는 죽음이라면, 왜 굳이 태어나 그렇게 고된 삶을 살아야만 하는 것인지에 대한 강한 의문이 다양한 공부들로 저를 이끌었어요.

  방황하던 중 고등학교 때 명상을 만나게 되었어요. 그러면서, 본격적으로 몸, 마음, 삶으로 직접 체험과 탐구를 통해 하나 둘 명상, 심리, 건강, 영성분야 공부들을 이어 왔어요. 벌써 근 30여년이 되었네요. 어느덧 제 안에서 많은 것들이 명료해졌고, 명상지도자, 심신통합치유전문가, 통합웰니스코치, 기질진단기반 심리진로코치 등의 다양한 타이틀로 활동하게 되었어요.

기질공부와의 인연

다양한 공부들 속에서 결국 인간 육체 삶의 끝은 죽음일지라도, 육체 생명을 받아 지구에서 살아가게 된 인간의 생의 목적이 있음을 알게 되었어요. 그리고 오랜시간 제가 해 온 많은 공부들 중 가장 큰 삶의 도약을 만들어 준 두 가지는 명상과 기질에 대한 공부예요. 명상에 대한 이야기는 저의 다른 책 〈심력 명상〉을 통해 접하실 수 있고요. 여기에서는 기질에 대한 이야기를 나누어 보려고 해요.

명리학과 점성학 공부를 통해 타고난 것들에 대한 공부를 했지만, 그 중 타고난 기질에 집중해 학문적으로 공부하게 된 계기는 2013년 한국에서 개발된 다원재능심리학을 만나면서부터예요. 공부하다 보니 매력을 깊이 느껴, 미국 연방정부가 아닌 주정부 인증 학위과정이긴 했지만, 한국에서 공부할 수 있는 과정이었기에, 다원재능심리학 박사과정까지 하게 되었어요. 신생학문이기에 비주류 분야이긴 하지만 제겐 그럴만한 가치가 충분히 있다고 느껴졌고 12년간 활용하면서 그 신념은 더 깊어지더라고요.

　이미 타고난 것들에 대한 관점 그리고 철학과 이해를 가지고 있던 터라서, 다원재능심리학에서 배운 내용들이 제겐 대부분 이미 익숙한 내용이었어요. 아주 새로운 정보들은 아니었죠. 그럼에도 제가 기존에 명상, 심리, 건강, 영성 공부를 하면서 가지고 있던 지식과 철학들 그리고 경험들과 다원재능심리학 공부의 상당수의 내용들이 맥을 같이 하기에 너무 반가웠어요. 무엇보다 제가 동의할 수 있는 철학을 가지고, 객관식 성격검사로는 알 수 없는 타고난 기질을 구체적으로 진단할 수 있도록 시스템화 한 것에 크게 감탄했어요. 당시의 저는 제가 가지고 있던 타고난 기질에 대한 철학을 펼쳐낼 수 있는 진단도구를 찾고 있었거든요. 이미 명리학 기반의 프로파일화된 기질 진단도구를 사용하고 있던 저는 아쉬움을 느껴서 다른 걸 찾고 있었어요. 그러다가 만난 천문심리학 기반으로 타고난 기질을 진단하고, DISC, 홀랜드, 에니어그램, 다중지능 등 기존의 객관식 성격검사를 융합한 다원재능심리학은 제가 딱 찾던 것이었어요.

　타고난 기질과 후천적인 성격을 동시에 이해할 수 있도록 데이터화 한 것. 심리, 학습, 직업, 소통 등의 카테고리로 나누어 프로파일화 해서 내담자가 원하는 목적에 맞게 실질적인 도움을 줄 수 있도록 한 것.

많은 사람들이 기질진단과 기질이해를 통해 삶의 본질에 대한 성찰을 할 수 있도록 학문을 체계화 한 것. 더 나아가 심리, 진로, 소통 등을 코칭할 때 활용할 수 있는 영감을 많이 얻게 된 것. 이러한 것들이 다원재능심리학 공부여정에서 제가 특히나 가치를 느꼈던 부분이에요.

이러한 다원재능심리학과의 인연은 제게 큰 감사함입니다. 그렇게 12년간 약1천명 분들을 만나 함께 했고, 60여명에 가까운 전문가들을 양성했어요. 어느 덧 명상과 함께 이 기질진단과 그 기반의 심리진로 코칭을 하는 것이 제게 중요한 소명이 될 만큼 소중해졌어요. 전부는 아니지만 이 책에 적힌 많은 부분들이 다원재능심리학에서 공부한 내용들의 맥락에 제 생각과 철학을 덧붙인 거예요. 그럼에도 저만의 관점과 철학이 있기에 제 책이 다원재능심리학을 대변하는 것은 아니랍니다. 다원재능심리학은 제가 소중히 생각하는 가치인, 타고난 기질이 우리 삶에서 가지는 깊은 의미, 그리고 기질을 통한 인간 존재의 본질적 깨우침을 사람들에게 전달하고 경험시키는 데 있어, 매우 탁월하다고 여기는 하나의 도구이자 자원이에요.

타고난 기질을 알고, 그 방향으로 살아갈 때, 나다운 행복감을 느껴요.

2024년 11월 13일 EBS 다큐 프로 중 일부가 유투브에 영상으로 올라왔어요. 두 영상이 매우 인상적이었는데요. 그 영상들은 2010년 4월 13

일에 방송된 〈다큐 프라임 - 당신의 성격2부 성격의 탄생〉과 〈다큐 프라임 - 당신의 성격3부 나는 내성적인 사람입니다〉의 일부를 다시 올린 거예요. 한 영상에서는, 30년 동안 일란성·이란성 쌍둥이를 통해 성격 형성연구를 해 온 미네소타대 심리학과 교수의 〈성격이란 온전히 부모가 어떻게 양육하느냐에 따라 결정된다고 생각했었는데, 연구를 통해서 부모의 양육 방법이 성격을 형성하는 데 결정적인 영향을 미치지 못한다는 걸 알게 되었다〉는 부분이 나와요. 이 책에서 말하는 타고난 기질과 맥락을 같이 하는 부분이에요. 또 다른 영상에서는, CNN 올해의 직원으로 선정된 극내향인 인간, 어떻게 최고의 리더가 되었을까?라는 제목과 함께, 외향인과 반대인 내향인의 독특한 리더십을 이야기해요. 그러면서 내향인의 가장 큰 실수는 외향인으로 바뀌려는 것이라고 이야기합니다. 그런 행동은 내향적인 사람들이 가지고 있는 성공적인 장점들을 사라지게 만들기 때문이라면서요.

거기에 달린 많은 댓글들이 울림을 주더라고요. 그 중 하나가 평생 내향인으로 살면서 가장 후회되는 게 내향적인 걸 부끄럽게 여긴 것. 그래서 그걸 극복하지 못했을 때 느낀 큰 좌절감 및 소외감과 결국 외향적인 사람이 되기 위해 자기답게 살지 못한 것에 대한 글이었어요.

웰다잉명상을 주제로 2024년에 시니어TV에 출연해 강의한 적이 있어요. 그 때도 전 후회없는 삶을 위해 알아야 할 중요한 기본 중 하나로 자신의 기질을 아는 것을 언급했어요.

　타고난 많은 것들 중에서 타고난 기질이 있어요. 태어나서 만나는 부모와 가정환경 그리고 교육 등에 영향을 받기도 전에, 각각의 사람이 지구 삶의 경험을 자기방식대로 느끼고 생각하고 판단하고 행동하게 하는 마음의 틀이기도 해요. 존재한다는 것은 인식되는 것이고, 인식하는 방식 자체가 바로 우리가 존재하는 방식이라는 말이 있듯이, 기질은 각각의 사람이 세상을 인식하는 방식이자 존재방식이에요. 누군가 심리적으로 힘듦을 겪을 때, 가정환경이나 부모의 양육방식 혹은 삶의 경험에서 받은 상처 때문이라고 이해하는 것이 대중적으로 보편화된 요즘의 인식인데요. 그보다 더 근원적인 이유는 그 사람의 타고난 기질에 있어요. 타고난 기질은 '이렇게 살아야 의미있는 삶이야, 나 이렇게 살고 싶어'라고 여기게 되는 각자의 삶에 대한 자동반응적인 자기만의 의미욕구예요.

　또한 '나 이럴 때 살맛이 나고 행복해. 나 이럴 때 마음이 편하고 좋아. 행복해'라는 태어나서 외부환경의 영향을 받아서가 아닌 태어나면서부터 무의식적으로 느끼는 자기만의 행복의 방향성이기도 해요. 더 나아가 자신도 모르게 잘 하게 되는 심리적 재능이기도 하고요. 그 의미욕구, 행복의 방향성, 심리재능의 프레임으로 우리는 같은 경험, 같은 부모, 같은 환경, 같은 양육방식 안에서도 다르게 느끼고 생각하고 판단하고 행동하게 돼요.

저는 12년간 약 1천명의 분들을 만나, 기질진단을 통해 심리, 진로, 소통 등의 상담 및 코칭을 하며, 부모님의 양육방식과 후천적 교육환경에 부응하며 인생을 살아오다가 결국에는 자기가 타고난 천성기질대로 살지 못한 불행감과 공허함을 느끼는 분들을 많이 만났어요. 혹은 그 기질대로 살고자 끊임없이 내달리지만 저지당하거나, 충분한 지지와 후원을 받지 못한 채 살아오신 분들. 그렇게 자신의 기질적 욕구를 충족시키려 고군분투하다 보니, 기질이 건강하지 못한 방향으로 왜곡된 채 살아가는 분들도 많이 만났고요. 기질의 이중적인 의미를 알지 못하니, 스스로도 자신에 대해 오해하거나 헷갈려 하며 자신의 기질적인 모습을 스스로 비난하고 비판하는 경우도 매우 많았답니다. 우리는 타고난 기질을 알고, 그 방향으로 살아갈 때, 나다운 행복감을 느껴요.

보이지 않는 더 큰 차원의 섭리가 있음을 이해하게 되었어요.

개인적으로 저는 종교가 없는데요. 심신통합치유관련 석·박사과정에서 다양한 종교, 철학, 심리, 영성 등의 공부를 하기도 하고, 오랜시간 제 나름의 명상, 심리, 건강, 영성 공부를 해 오며, 인간사를 넘어서는 더 큰 차원의 섭리가 있음을 이해하게 되었어요. 인체공부 하다 보면 그 오묘함과 신비로움에 감탄하게 되고, 명상공부를 하며 깨어 있음 속에서 삶의 경험들 하나하나에도 섭리가 담겨 있음을 발견하게 돼요. 그 누구도 예외없이 모든 사람은 태어나면서부터 자신만의 개성이자 마음의 틀이기도 한 기질을 지니게 되는 것. 이 기질공부를 하면서 또한 보이지 않는 차원의 섭리를 더욱 깊이 이해하게 되었어요.

때로는 엄마로서 너무 자책하고 있지는 않으신가요?

많은 교육자들과 전문가들이 말해요. 부모는 어린 자녀들이 '내가 조건없이 사랑받고 있구나'라고 느낄 수 있게 해 줘야 한다고요. 있는 그대로의 아이를 인정하고 지지해 줘야 한다고요. '조건없는 사랑과 있는 그대로를 품는 부모.' 너무나 아름다운 말이지만, 실천하기에는 쉽지 않아요. 있는 그대로를 품고자 해도 부모도 자신만의 내적잣대와 틀이 있다 보니 쉽지 않아요. 어떻게 해야 아이가 조건없이 사랑받는다고 느끼는가에 대한 부분도 모호합니다. 기질을 명확히 진단해서 알 때만이 이 아름다운 명제가 구체적으로 삶에 적용될 수 있어요. 정말 많은 어머님들이 그렇게 고백해 주셨어요. 부모인 나와 우리 아이 그리고 가족들의 고유성인 기질을 알면, 부모로서의 과도한 책임감과 막연한 부담감에서도 해방될 수 있어요. 부모로 인한 영향 때문인지 아닌지가 명확하게 구분이 되고, 기질이 서로를 이해하는 데 구체적인 실마리가 되기 때문이에요. 천성기질을 이해하는 시간. 나의 타고난 행복의 방향성이자 심리재능의 씨앗을 알게 되면, 머리로 이해되는 사랑과 가슴으로 사랑받았다고 느껴지는 사랑은 다르다는 것 또한 알게 돼요. 그래서 가족끼리 오히려 사랑이라는 이름으로 의도치않게 상처를 주고받고 있었음을 알게 되기도 하죠. 많은 어머님들께서 고유성, 나만의 행복의 방향성과 심리재능의 씨앗. 아이의 천성기질을 알게 되니 아이를 키우기가 훨씬 수월해졌다고들 하십니다. 아이가 존재 자체로 사랑받았다는 느낌을 갖게 하는 게 무엇인지를 명확히 알고 그 구체적인 방법과 열쇠를 얻게 되었다고 하시면서요. 의도없이 무의식적으로 나오는 아이의 타고난 기질적 특성이 어떤 것인지 알았기에, 그 모습들만 있는 그대로 품어 주면 사랑이 전달된다는 것을 경험하게 되니까요. 더 나아가 엄마인 자신에게도 기질이 있기에 자녀들처럼 엄마인 나도 나답게 살면서도 얼마든지 행복할 수 있다는 걸 알게 됩니다. 엄마인 나도 나다움으로 새로운 꿈을 시작할 수 있게 돼요.

응애~하고 태어나는 순간, 가장 먼저! 인생을 시작하기 전, 가장 먼저! 나를 알고, 삶의 여정의 네비게이션을 잡아야 해요. 그게 바로 타고난 기질을 하루 빨리 알아야 하는 이유예요. 기질을 통해 나를 이해하고 나의 자녀와 가족을 이해하며, 이제 모든 것을 제자리로 돌려놓고 첫 단추를 다시 끼워보세요. 심리이해, 맞춤형 학습법, 훈육법, 사랑법, 대화법, 성공법 등 자신의 빛깔대로 사는 삶이 어떤 것인지 알고, 각자의 빛깔에 맞게 삶을 그려나갈 수 있게 돼요.

왜 진작 이걸 몰랐을까요?

"왜 진작 이걸 몰랐을까요?"라고 말씀하시며, 많은 엄마들이 가슴으로 울었어요. 오늘도 아이와 훈육전쟁 하느라 마음고생 심하신 엄마들. 무엇부터 교육시켜야하는지 헷갈리고 조급함이 드는 엄마들. 지금 나의 육아방식이 맞는지 불안한 엄마들. 그리고 엄마인 나도 나답게 행복하고 싶은 엄마들. 모두 그동안 마음고생 많으셨어요. 이제 〈엄마의 기질공부〉를 통해 조금 더 마음 편히 양육하세요. 아이도 기질이란 것이 무엇이고 왜 중요한지 이해할 수 있도록 〈아이와 함께 읽는 기질 이야기〉 부분도 있으니, 이 책을 가족들과 함께 읽으며 도움 받으시기를 바라요.

"너무 많이 애쓰고 살았네요"라며, 많은 직장인분들이 기질을 알고 나니, 숨통이 트인다고 해요. 마음껏 쉴 여유를 잊은 채, 노력하고 애쓰느라 지친 우리들. 나를 품기보다 나를 비난하기가 더 쉬운 우리들. 아직도 내 적성을 모르겠어서 헷갈리는 우리들. 엄마.아빠들을 비롯한 많은 성인 분들, 그동안 마음고생 많으셨어요. 이제 〈엄마의 기질공부〉를 통해 애쓰지 없이, 조금 더 맘껏 행복하세요.

저는 사랑하는 제 엄마의 기질진단을 해 보고, 가슴이 먹먹해지는 순간이 있었어요. 엄마의 기질이해를 통해 엄마는 어떤 삶을 의미있다고 여기는지, 어떨 때 살맛이 난다고 느끼는지, 어떨 때 마음이 편안하고 행복한지를 알게 되었거든요. 그걸 알고 엄마가 살아온 삶을 떠올려 보니, 맘껏 엄마다운 행복한 삶을 펼치지 못하신 것이 너무 구체적으로 와 닿더라고요. '신이 모든 곳에 있을 수 없어 어머니를 보냈다'는 탈무드의 글처럼, 고귀하고 위대한 우리의 엄마들. 세상의 모든 엄마들이 많이 행복했으면 좋겠습니다. 나와 자녀 그리고 가족의 기질을 아는 것을 통해, 자녀를 키우고 일을 하고 세상을 살아가면서 삶이 더 쉽게 행복해지는 여정을 직접 경험하실 수 있었으면 좋겠습니다. 인연되는 분들과 함께 더 많은 이야기 나누기를 소망해 봅니다.

2025년 1월 이주아 드림

목차

3부

기질에 대한 명상과 마음챙김

4부

자신과 가족의 기질을 알게 된 사람들의 후기들

부록

1부
—

자녀양육의 마스터키,
기질

1장 ────〰〰〰〰〰〰〰〰〰〰〰〰〰〰〰〰〰〰〰〰

기질을 알아야 하는 이유

01. 왜 책이나 인터넷에서 배운 대로 안될까요?

대한민국의 많은 엄마들은 육아와 교육에 대해 끊임없이 고민해요. EBS 방송에서 나왔던 내용인데요. 엄마들이 가장 많이 하는 질문 중 하나가 "왜 책이나 인터넷에서 배운 대로 안 되죠?"라는 질문이라고 해요. 지금의 육아방식이 불안하고 혼란스러운 마음이 있음을 반영하는 질문이에요.

아이를 낳고 역할을 하기 위해서, 엄마들은 정말 열심히 공부합니다. 하브루타, 플립 러닝, 프랑스식 육아, 자기주도학습, 대화법, 자기계발 등 최신의 양육법과 교육법을 배우며, 좋은 엄마가 되기 위해 노력을 하죠. 그런데 그 교육을 받을 때는 당장 자신과 아이에게 적용하면 될 것 같은데, 막상 시도해 보면 생각보다 쉽지 않다고 이야기해요. 왜 이렇게 많은 노력을 기울이고도 여전히 마음이 불안하고, 아이와의 관계가 기대만큼 달라지지 않는 걸까요?

자녀를 둘 이상 두고 계신 분이라면 공감하듯이, 한 가지 방식이 모든 아이에게 통할 수는 없어요. 이를테면, 어떤 아이는 자기주도학습에서 최고의 효과를 보지만, 다른 아이는 그 과정에서 오히려 스트레스를 느끼기도 하거든요. 한 아이에게는 프랑스식 육아의 자유로운 분위기가 잘 맞을 수 있지만, 다른 아이는 그 자유가 오히려 불안하게 느껴질 수 있고요. 왜 이런 차이가 생기는 걸까요? 바로 우리는 모두 각자의 고유한 천성기질을 가지고 태어나기 때문이에요. 기질은 우리가 태어날 때부터 지니고 있는 본연의 특성으로, 우리의 성향, 재능이자 삶을 바라보는 방식을 결정해요. 그런데도 우리는 종종 이 중요한 요소를 간과한 채, 모든 아이에게 동일한 방식이 통할 거라고 기대해요. 아무리 좋은 방법이라 해도 천성기질을 고려하지 않는다면, 무용지물일 수 있어요.

한 어머니께서 이야기하시더라고요. 책에서 읽은 대로, 전문가의 말대로, 인터넷에서 본 대로 하면 아이가 잘 따라와 줄 것이라 믿었는데 현실은 그렇지 않았다고요. 아이는 자신의 기대와 다르게 반응했고, 자신이 좋다고 생각한 방식은 아이에게는 전혀 맞지 않았다고요. 그때부터 그 어머님은 이 질문을 하게 되었다고 해요. "우리 아이는 어떤 아이일까? 어떤 기질일까?"

   아이를 이해하는 과정은 마치 씨앗을 심고 기다리는 시간과도 같아
요. 처음에는 보이지 않지만, 기다리면 언젠가는 싹이 트고 꽃을 피우
게 돼요. 부모로서 우리가 해야 할 일은 아이가 가진 천성기질을 이해
하고, 그 기질에 맞는 방식으로 아이를 돕는 것이에요.

   아이의 기질을 이해하기 시작하면, 비로소 모든 것이 명확해져요. 아
이가 왜 특정 상황에서 스트레스를 받는지, 무엇을 좋아하고 싫어하는
지, 어떤 방식으로 배울 때 가장 즐거운지 알게 돼요. 그러면 더 이상
인터넷이나 특정분야의 전문가에게 배운 양육법에 휘둘리지 않고, 아
이에게 진정으로 필요한 것이 무엇인지 알게 됩니다.

   기질을 이해하는 것은 단지 아이를 돕는 것이 아니라, 부모 자신에게
도 큰 위로가 돼요. "나만 부족한 엄마 같아요"라는 생각은 우리를 자책
하게 만들지만, 이 생각에서 벗어나 기질에 맞는 양육을 하게 되면, 모
든 것이 제자리를 찾기 시작하거든요. 제가 12년간 기질검사를 통해
어머님들을 만나며 경험한 것들이에요. 우리는 더 이상 '좋은 엄마'가
되기 위해 애쓰지 않아도 돼요. 우리는 이미 충분히 좋은 엄마이며, 아
이에게 필요한 것은 완벽한 엄마가 아니라, 그저 자신의 기질을 이해하
고 존중해 주는 부모일 뿐이에요. 그때 아이는 존재 자체로 사랑받는
다는 느낌을 갖게 되거든요.

02. 자신의 기질을 모르고 하는 자기계발은 실패의 지름길이에요.

자녀양육에서뿐만 아니라 한 개인으로서의 엄마 역시 자신의 기질을 아는 것이 매우 중요해요. 요즘은 수많은 강의 플랫폼들이 넘쳐나 정보를 접하기도 쉽고, 그야말로 자기계발하기 딱 좋은 시대예요. 그만큼 성장과 자아실현의 욕구가 꽃피울 수 있는 좋은 시대이기도 합니다. 그에 맞게 명강사의 강의를 끊임없이 찾아다니는 사람들도 많고요. 그 정성과 열정은 참 귀한 거예요. 하지만, 자신을 제대로 모른 채, 자기계발에 열을 올리고 있다면 어떨까요? 남들이 성공한 방법만 쫓는다면 어떨까요? '닭 쫓던 개 지붕만 쳐다본다'라는 속담처럼, 열심히 내달렸는데 결코 닿을 수 없거나, 피땀 흘려 도달했는데, 막상 그 결과가 생각만큼 행복하지 않을 수 있어요.

실제 기질검사를 받고 상담을 받은 분들 중에 많은 분이 말하기를, "성취감은 있는데 이상하게 행복감은 적어요"라고 말해요. 자신의 고유성을 모른 채 너무 열심히 내달려 온 그분들은 "진작에 나의 고유성을 알고, 지금까지 쏟은 노력을 기질의 방향으로 했다면, 이렇게 돌고 돌아오지 않았을 거예요"라며 울먹이곤 했습니다.

아시나요? 잘못 알고 있는 사람이 열심히 하면 더 위험하다는 것을. 체형이 크게 삐뚤어진 사람이 무작정 열심히 걸으면 오히려 몸에 더 탈이 난다는 것을. 첫 단추가 잘못 끼워지면 어쩔 수 없이 모든 단추가 어긋나 버린다는 것을. 성공의 의미는 각자마다 달라요. 행복감을 주는 나만의 성공의 방향으로 전진하기 위해서는 진짜 나의 고유성 즉 기질을 알아야만 해요. 들을 때는 고개가 끄덕여지는데 나에게 적용하지 못하는 것. 힘겹게 적용해서 이루었는데 나를 행복하게 하지 못하는 것. 서른, 마흔, 쉰… 나이가 들어가는데도 아직도 자신의 적성을 모르겠다고 하는 것. 자신의 적성을 모르고, 막연한 긍정심리로 무장해서 열심히 살고 있다는 위안감 외에 어떤 가시적인 성과도 내지 못하고 있는 것. 그 모든 것들은 나의 기질을 모르기 때문이에요.

우리가 느끼는 불안감의 대부분은 나의 색깔을 잃은 것으로부터 와요. 나다움을 잃으면 남과 비교가 되면서 불안해져요. 나의 고유성을 알고 나다움을 알면, 나다운 꽃을 피우기 위해 노력하는 과정조차 품을 수 있는 마음의 여유가 생겨요. 나의 씨앗을 알고 방향을 알면, 꽃과 열매가 맺어지는 건 시간의 문제일 뿐. 당연이 일어날 결과임을 알기 때문이에요. 일이 되어지는 과정에서도 자기다운 방식으로 접근하면서 기쁨을 느낄 수 있기 때문이에요. 요즘 나는 나답게 살고 있다고 자신 있게 이야기 할 수 있나요? 남들이 뭐라 하든, 지금의 내 삶이 참 행복하다고 이야기 할 수 있나요?

행복이란 100% 주관적인 느낌과 생각이에요. 그렇다면, 나는 어떤 사람인지, 어떻게 살아야 자주 행복하다는 생각이 들고, 행복하다는 느낌이 드는지 알아야 해요. 무엇을 하며 살아갈 것인지, 나는 무엇을 잘하는 사람인지, 혹은 잘하지는 못하더라도 마음이 끌리는 일이 무엇인지, 내가 좋아하는 것이 무엇인지 명확히 알아야 합니다. 즉, 나 자신을 아는 것이 중요해요. 나와의 관계, 타인과의 관계를 지혜롭게 풀어나가기 위해서도 자신의 기질을 아는 것이 중요합니다. 왜 똑같은 상황에서 나는 이렇게 생각하고 느끼는지, 반면 상대방은 다르게 생각하고 느끼는지를 이해해야 해요. 나 자신을 알아야 나와의 관계, 가족과의 관계, 그리고 타인과의 관계에서 지혜롭게 살아갈 수 있습니다.

자신을 알지 못하면 인생의 행복이 자주 엇나가고, 직업 선택도 혼란스러워지며, 대인 관계 역시 꼬이게 됩니다. 나를 모르면 나의 감정, 생각, 말, 그리고 행동을 이해하고 조율하기가 어려워져요. 마음이 불편한 순간들이 자주 찾아오게 되며, 그럴 때는 같은 자극에도 더 민감하게 반응하게 돼요. 맛집에서 불편한 마음으로 먹는 음식은 쉽게 소화되지 않기도 하잖아요. 이는 마치 불편한 마음의 필터를 끼고 세상을 바라보는 것과 같아요. 자신을 모르는 마음, 정돈되지 않은 내면은 결국 외부 세상까지도 꼬이게 만듭니다.

수많은 자기계발 프로그램을 통해 행동, 생각, 감정을 다루는 법을 배우기 전에, 그 행동과 생각, 감정이 어디에서 나오는지, 그 근본적인 프레임을 먼저 알아야 해요. 즉, 나 자신을 먼저 알아야 합니다. 때때로 우리는 SNS를 보거나 혹은 사회활동을 하면서, 상대적 박탈감을 느끼는 경우도 생기고, 누군가 참 닮고 싶고 배우고 싶고 부러워지는 경우도 있어요. 그래서 정말 열심히 모델링해서 노력하고 그것을 실천하기도 해요. 그런데 혹시 그러면서도 마음 한구석에 공허함이 느껴지는 걸 경험해 본 적은 없나요? 이제 나의 고유성을 제대로 알고 나답게 살아 보아요. 그 고유성이 바로 천성기질이에요.

03. 희망고문 당하는 요즘 아이들, 우리 아이는 어떤가요?

영국의 철학자이자 사상가인 존 로크는 사람 심리의 기원을 백지설로 설명했어요. 백지설은 사람의 심리는 태어날 때 깨끗한 백지와도 같아서 경험과 훈련이라는 재료를 제공하면 그 방향대로 심리가 형성된다는 이론이에요. 이는 교육의 힘을 크게 지지하는 것으로 현대의 교육론으로 이어졌어요. 그것을 다원재능심리학에서는 노력설이라고 해요. 노력이 부족해서 그러니 노력하면 다 된다고 하며, 아이 행복의 코드와 재능의 씨앗과 무관한 방향으로 아이를 몰아가고 있지는 않나요? 생생정보통 방송에 8세 한자신동 이원준군이 나온 적이 있어요. 이 아이는 한자시험 준비를 위해 공부하는 엄마를 옆에서 보며 자연스럽게 그렇게 되어진 것처럼 보여질 수 있어요. 하지만 기질검사를 해 보니, 그 아이가 한자공부하는 엄마를 보았을 때 그것에 흥미가 생기고 동기부여가 된 것은 그 아이의 기질 때문이었어요. 엄마가 아이 옆에서 한자 공부를 한다고 해서, 그것을 본 모든 아이가 한자에 흥미를 갖게 되거나 한자 신동이 되지는 않아요. 그리고 모든 아이가 한자 신동이 될 필요도 없어요. 사람은 저마다의 고유한 재능이 있기 때문이에요. 사람은 백지로 태어나지 않아요. 사람에게는 본래 태어날 때부터 갖고 있는 타고난 행복의 코드와 재능의 씨앗인 천성기질이 있어요. 그것에 맞는 환경과 조건만 만들어진다면 모든 사람은 자신의 적절한 때에 맞게 타고난 기질인 재능(씨앗)을 발휘(발아)할 수 있어요. 그리고 노력을 한다면 그 기질의 방향으로 해야, 살맛이 나고 결과가 좋아요.

수박씨를 심었는데 수박이 나면 성공이에요. 호박씨를 심었는데 호박이 나면 성공이고요. 모든 씨앗은 이미 그 열매를 품고 있어요. 우리 선조들 옛말에 〈자기 밥 숟가락은 자기가 다 가지고 나온다〉는 말도 있잖아요. 부모가 조바심 내지 않아도, 그 씨앗을 정확히 알고 그 방향으로 후원해 주면 열매는 맺어지게 되어 있어요. 아이의 씨앗을 모른 채, 수박씨를 심고 호박이 되지 않는다고, 타박하고 있지 않나요? 아니면 노력하면 호박이 될 수 있다고 희망고문 하고 있지 않나요?

04. 나답게 행복하게 살아요.

토끼와 거북이 이야기를 우리들은 잘 알고 있어요. 노력을 멈추지 않고 시합에 임한 거북이가 일찌감치 앞질러 결승선을 앞두고 잠든 토끼를 이긴다는 이야기요.

그런데 정말로 거북이가 1만 번 노력한다고 토끼를 이길 수 있을까요? 헤엄을 잘 치는 거북이가 굳이 땅으로 올라와 토끼를 달리기로 이겨야 할까요? 만약 토끼가 자는 바람에 거북이가 토끼를 이기게 된다면, 이 거북이의 후손들은 평생 희망고문에 시달리진 않을까요? 거북이도 노력하면 토끼를 이길 수 있다고 말이죠.

혹시 너무 열심히만 살아가고 있지는 않나요? 성실한 거북이 이야기가 요즘을 살아가는 우리들의 이야기 같아서, 우리 아이들의 이야기 같아서 생각이 많아집니다.

"모든 사람은 천재다. 하지만 만약 당신이 물고기를 나무에 오르는 능력으로 평가한다면, 물고기는 평생을 자신이 멍청하다고 믿으며 살 것이다" 아인슈타인이 한 말이에요. 아인슈타인은 바로 자신만의 고유한 재능. 자기가 어떤 열매를 품고 있는 씨앗인지 그것을 알라고 이야기 한 것이지 않을까요? 나만 천재가 아니고 모두가 다 자신만의 천재성이 있다고 말이지요. 천재 아인슈타인이 시합에서 토끼를 이긴 거북이에게 한 마디 했다면 어떤 말을 했을까요? 거북이에게 토끼와 비교하지 말고, 거북이로서 행복하게 살라고 이야기 할 것 같네요. 모든 사람들이 자기의 고유성을 알고, 자기답게 행복하게 살았으면 좋겠어요.

"말은 빠른 걸음으로 달아나 적에게서 살아남는다. 그러므로 말은 수탉처럼 노래할 수 없을 때가 아니라 타고난 빠른 걸음을 잃어버렸을 때 불행하다. 개에게는 후각이 있다. 그러므로 개는 날 수 없을 때가 아니라 타고난 후각을 잃어버렸을 때가 불행하다."

톨스토이의 행복한 하루의 메시지예요. 여기에서도 같은 맥락의 메시지를 엿볼 수가 있어요. 노력의 대가 에디슨 관련 이야기도 해 볼게요. 에디슨은 자신의 자서전에 이렇게 썼다고 합니다.

"전에 나는 신문기자에게, 1%의 영감이 없으면, 99%의 노력은 소용이 없다고 말했소. 그런데 신문에는 1%의 영감에 대한 중요성이 아닌, 99%의 노력에 중점을 두고, 나를 노력하는 사람으로 미화하여 진실을 잘 못 전한 것이오. 정말이지 못 말리는 착각이지요."

여기에서 1%의 영감은 다양하게 해석이 되는데요. 신령스러운 예감이나 느낌이라고도 표현하고, 개인이나 집단에게 내려진 특별한 재능이라고 해석된다고도 해요. 즉, 노력 이전에 그 타고난 무언가. 그 씨앗이 더 중요하다는 해석이 될 수 있어요. 나의 고유한 재능 즉 천성기질로 이해해도 될 것 같아요.

05. 지금의 교육학과 인성교육이 아쉬워요.

현대 교육학과 인성교육은 인간이 백지 상태로 태어난다는 전제를 바탕으로 진행되며, 교육을 통해 모든 인성 덕목을 갖추기 위해 노력하도록 안내하고 있어요. 이 접근 방식은 인간의 잠재력을 최대한 발휘하기 위해 다양한 인성 덕목을 학습하고 개발하는 것을 목표로 하고요. 그런데 이러한 접근 방식은 몇 가지 중요한 한계를 가지고 있어요.

첫째, 인간은 백지 상태로 태어나는 것이 아니라, 이미 다양한 기질과 성향을 가지고 태어나요. 신생아가 태어날 때부터 각기 다른 기질을 가지고 있고, 이것은 생애 전반에 걸쳐 지속돼요. 기질은 개인의 학습 스타일, 대인 관계, 스트레스 대처 방식 등에 영향을 미칩니다. 그렇기에 교육 과정에서 타고난 기질을 무시하고 모든 인성 덕목을 동일하게 개발하려는 시도는 한계가 있을 수밖에 없어요.

둘째, 모든 인성 덕목을 동일하게 개발하라는 요구는 개인의 타고난 강점을 무시하게 만들 수 있어요. 긍정심리학의 창시자인 Martin Seligman 교수는 개인의 강점을 발견하고 계발하는 것이 행복과 성공에 필수적이라고 주장했어요. 그런데 현대 교육 시스템에서는 모든 덕목을 고르게 갖추어야 한다는 압박을 받게 돼요. 이것은 개인의 강점을 제대로 계발하지 못하게 할 수 있어요. 예를 들어, 창의성이 뛰어난 학생이 규범에 얽매이지 않고 자신의 창의성을 발휘할 수 있는 환경이 제공되지 않는다면, 그 학생의 잠재력은 발휘되기 어려울 거예요.

셋째, 이러한 교육 방식은 자기 비난을 초래할 수도 있어요. 모든 인성 덕목을 고르게 발전시키지 못하면 자신을 부족하게 느끼고 지속적인 자아 비판에 빠질 수 있거든요. 이것은 개인의 자존감을 해치고, 오히려 긍정적인 자기 성장을 방해할 수 있어요. 예를 들어, 자기 결정 이론(Self-Determination Theory)을 주창한 Deci와 Ryan은 자율성, 유능감, 관계성이 개인의 심리적 안녕에 필수적이라고 강조하는데요. 유능성, 자율성, 관계성의 기본적인 욕구가 충족될 때 내재적인 동기가 증가된다는 거예요. 이 맥락으로 본다면, 현대 교육 시스템의 과도한 인성 덕목 개발 요구는 학생들이 자신의 자율성을 느끼지 못하게 하고, 결과적으로 유능감과 자존감도 낮아질 수 있어요.

현대 교육학과 인성교육의 한계는 교육자와 학생 간의 관계에서도 드러나요. 학생 개개인의 기질과 강점을 이해하고 지지하는 교육자는 학생들의 성장과 발달에 긍정적인 영향을 미칠 수 있어요. 그런데 교육자들이 획일화된 교육 목표에 맞추어 모든 학생들을 동일하게 대하려고 한다면, 학생들은 자신이 이해받지 못하고 있다는 느낌을 받을 수 있고요. 이것은 학생들의 학습 동기와 학교생활 만족도에 부정적인 영향을 미칠 수 있습니다. 각 개인의 타고난 기질을 지지하고 계발하는 방향으로 교육 방식을 전환하는 것이 필요해요. 이것은 개인의 기질이 가진 재능적인 부분과 그것으로 인해 만나게 되는 난관을 적절히 조율하면서 건강하게 성장할 수 있는 기반을 마련해 줄 거예요. 모든 것을 다 갖추려 하기보다, 내가 강하게 가진 달란트를 인정받고 활용하는 거예요. 그러다보면 자존감도 높아지고, 내가 평범하거나 약간 부족하게 가진 덕목도 사회에 해 끼치지 않을 만큼 건강하게 적당한 선에서 활용하며 살아갈 수 있어요. 어차피 모든 덕목을 갖추는 건 가능하지도 않고요. 이것이 가능해질 때, 교육자와 학생 간의 관계도 더 친밀하게 강화되고, 더 효과적이고 포용적인 교육 환경도 조성할 수 있을 거예요.

06. 한국인 행복지수가 하위권인 이유는 뭘까요?

언젠가부터 자주 들려오는 한국인의 행복지수 이야기가 있어요. OECD 회원국 중 성인 행복지수 최하위. 어린이, 청소년 행복지수 최하위. 자살율 1위. 이런 통계 이야기를 들으면서 마음이 아려요. 도대체 왜일까요?

대한민국의 성인 행복지수 143개국 중 118위,

세계 성인 행복지수 100점 만점에 평균 71점

한국성인 100점 만점에 59점 (2015년 자료)

대한민국 청소년 행복지수 최하위,

OECD 회원국 10점 만점에 평균 7.6점,

한국 청소년은 10점 만점에 평균 6.57점 (2019년 자료)

OECD 가입국 중 자살율 1위,

대한민국. 10만명당 24.1명 (2021년 자료)

OECD 정회원국 38개국 중 대한민국 행복지수보다 낮은 곳은

그리스, 콜롬비아, 튀르기예 세 나라뿐. (2023년 자료)

중.고등학생의 자살 시도 경험률,

2014년에 평균 4.44% 2023년에 5.26% (2024년 자료)

10대 자살율, 2019년 10만명당 5.9명에서 2022년 7.2명으로

증가 (2024년 자료)

엄마이기 이전에 한 사람으로서, 나는 얼마나 행복한가요? 우리 아이는 얼마나 행복할까요? 왜 대한민국 아이와 어른은 행복하지 않을까

요? 우리가 행복하지 않은 이유는 대한민국 사람이기 때문일까요?

'내가 대한민국 사람이라서 행복하지 않다'라는 메시지가 위안이 되
나요? 그렇지 않을 거예요. 행복은 나의 주관적인 느낌이고, 분명 대한
민국에도 행복하다고 자신 있게 이야기하는 사람들도 있잖아요. 그런
데, 왜 행복하지 않다고 하는 사람이 그렇게 많을까요? 사람들이 살아
가면서 하는 수많은 행위의 이유를 한마디로 표현한다면 그건 '행복'일
거예요. 더 행복한 삶을 위해서이지 불행해지기 위한 행위와 선택은
아닐 거예요.

행복의 사전적 정의는 '생활에서 충분한 만족과 기쁨을 느끼어 흐뭇
한, 또는 그러한 상태'입니다. 그런데, 대한민국 사람들의 주관적 행복
지수가 몇 년째 최하위권을 맴돌고 있다면. 그 이유엔 한국 사람들이
공통적으로 놓치고 있는 혹은 한국문화상의 어떤 공통된 Missing Point
가 있지 않을까요? 다양한 이유가 있겠지만, 저는 이것이 그 중요한 키
워드가 아닐까? 라는 생각을 마침내 하게 되었어요. 바로 이것! "우리
들은 생긴 대로 못 살아서 그렇다. 그리고 생긴 모습 그대로를 지지받
지 못하고 살아서 그렇다. 한 마디로 자기 천성기질대로 자기답게 못
살고, 자기 천성기질대로 지지받지 못해서 그렇다."라고요.

기질이 뭔가요?

01. 성격과 기질은 달라요.

우리 그런 이야기하죠. 자식을 세 명만 낳아 보면 우리 각자가 얼마나 다른지를 알게 된다고요. 엄마를 닮은 것도 아니고 아빠를 닮은 것도 아닌 자식이 있게 마련이고, 다 다르다고요.

"도대체 쟤는 누굴 닮은 거지?"
그러면 우리는 막 조상을 타고 거슬러 올라갑니다.
"외할아버지가 딱 쟤 같았대. 친할머니가 딱 쟤 같았대."
이러면서 우리는 우리의 성향이 부모나 조상에게서 왔다고 생각을 해요.

또는 살면서 후천적으로 양육 방식이나 가정환경 이런 걸로 인해서 그러한 심리를 가지게 되었다고 이야기합니다. 그래서 많은 엄마들이 자신의 양육방식이나 양육환경 탓을 하며 자책을 굉장히 많이 해요.

"아이가 저런 것이 제가 직장생활을 하느라 쟤를 잘 못 돌봐서 그래요." "제가 첫째라고 쟤를 자꾸 다그쳐서 그래요."

여러 가지 이유로 엄마들은 스스로가 계속 작아진다고 이야기하십니다.

아이가 엄마를 닮는다고요? 부모를 닮는다고요?
그렇지 않아요. 엄마 탓이 아니에요. 부모 탓이 아닙니다.
그러면 누구의 탓일까요? 자녀의 탓일까요? 자녀의 탓도 아니에요.

모든 사람은 태어날 때 자기만의 기질을 가지고 태어나요.

아이가 엄마를 닮는다고요.? 엄마의 요구에 따라 그 요구에 부응하려다 보니, 엄마를 닮아갈 수는 있어요. 성격이라는 것은 외부의 요구에 의해서 계속 변화하거든요.

엄마의 요구, 아빠의 요구, 사회의 요구, 그 요구에 부응하면서 자기를 변형시켜 나가는 것이 바로 성격이에요. 그래서 성격은 엄마를 닮을 수 있어요. 성격은 주변 환경이나 양육 환경이나 살면서 경험하는 어떤 사건들을 통해서 바뀔 수 있습니다. 태어나서 죽을 때까지 끊임없이 바뀐다고도 볼 수 있어요.

그런데 기질이라는 게 있어요. 기질은 요구에 부응하면서 만들어지는 성격이 아니에요. 그 사람만의 타고난 욕구입니다. 특별한 이유나 계기가 있어서 생기는 마음이 아니에요. 엄마 때문도 아니고 아빠 때문도 아니고 양육 환경 때문도 아니고 가정 환경 때문도 아니에요. 그런데 나도 이유는 모르겠는데 이렇게 살면 자꾸 가슴에서 행복하다고 느껴지고 머리에서 행복하다고 생각이 돼요. 이렇게 살면 자꾸 잘 산다는 느낌이 들어요. 이렇게 하면 자꾸 살맛이 나요. 이렇게 하면 자꾸 마음이 좋아요. 이렇게 할 때 일이 잘 풀려요. 이렇게 하면 성과가 잘 나와요. 이렇게 하면 나답다고 느껴져요. 이런 것들이 바로 기질이에요.

기질은 태어나서 죽을 때까지 바뀌지 않아요. 기질은 엄마의 양육 방식과 가정환경 또는 살면서 경험한 어떤 사건 이런 걸로 인해서 생기는 것이 아니에요. 기질은 태어나면서부터 각자가 받아온 그 사람만의 씨앗이에요. 태어나면서부터 모든 사람이 개개인적으로 부여받는 그 사람의 재능이자 정체성이자 '이렇게 살아야 의미가 느껴져' 라는 의미욕구예요. 그리고 나답게 성공할 수 있는 씨앗이자, 그것을 통해서 세상에 기여할 수 있는 달란트이기도 합니다.

성격과 기질. 우리가 우선적으로 알아야 할 개개인의 빛깔. 고유성 그것은 바로 성격이 아니라 기질이에요. 기질을 명확하게 알고 나답게! 엄마는 또 엄마대로, 엄마답게! 아빠는 아빠대로, 아빠답게! 각자의 빛깔대로 행복하게 살 수 있어요.

엄마탓? 아빠탓? 환경탓?이 아니에요.
내가 나의 기질을 모르기 때문이에요.

같은 집안에서 자란 형제들도 똑같은 상황에서 자랐는데 다르게 느끼고 판단하고 행동하곤 해요. 이것이 바로 우리에게 기질이 있다는 거예요. 어떤 아이는 같은 환경에서도 잘 자라는데 어떤 아이는 그 양육환경이 마음의 상처가 돼서 상담센터에 오기도 합니다.

이럴 경우, 보통은 그것이 가정환경이나 부모의 양육 방식 때문에 받은 상처가 원인이라고 이야기해요. 하지만 만약에 그것이 가장 근원적인 이유라면 모든 형제 혹은 자매가 똑같은 증상을 가지고 와야 해요. 하지만 그렇지 않잖아요.

내가 상처받고 불행감을 느낀다는 것은, 나의 행복의 코드, 방향성 즉 기질을 알아달라는 신호예요. 우리에게 성격 이전에 기질이 있다는 것을 알려 주는 신호입니다.

똑같은 환경에서 자랐는데 마음의 상처를 받아서 상담센터에 온 친구는 기질적으로 뭔가 부족하거나 심약하거나 좋지 않기 때문에 그런 걸까요? 그렇지 않아요. 기질은 그 사람이 어떻게 살면 행복하다고 느끼는지에 대한 그 개인의 행복의 방향성이자 의미욕구 즉 정체성이에요. 그리고 재능입니다.

그렇게 똑같은 환경에서 자랐는데 마음의 상처를 받고 센터에 왔다면, 엄마탓! 아빠탓! 가정환경탓!으로 상처받은 희생자나 피해자로 보면 안돼요. 거기에서 우리는 그 사람의 재능, 삶의 행복의 방향성과 의미 욕구, 정체성을 발견해 줄 수 있어야 해요.

'나는 이렇게 살 때 행복하다고 느끼는 사람이구나' '나는 이럴 때 살 맛이 나는 사람이구나' '나는 이런 것을 잘하고 저런 것을 좋아하는 사람이구나' '나는 이런 재능을 가지고 있는 사람이구나' '그렇다 보니, 똑같은 부모님 밑에서 똑같은 양육방식과 가정환경속에서도 나는 이렇게 느끼고 생각하며 살고 있었구나. 내가 이렇게 상처 받은 것이, 나의 재능이구나. 나의 행복의 방향성, 욕구 즉 기질로 인한 거였구나' 라고 알게 되는 거죠.

그렇게 되면 엄마 탓, 아빠 탓, 혹은 환경 탓하며, 그것들을 원인으로 몰고가 피해받은 희생자의 인식을 갖는 것이 아니라, 진짜 자기 자신에 대해서 바르게 알 수 있는 기회를 얻게 되는 셈이 됩니다. 내가 상처받고 불행감을 느낀다는 것은, 나의 행복의 씨앗, 방향성, 기질을 알아달라는 내면의 신호예요.

02. 마음을 망치면 학습도 망쳐요.

우리는 가끔 이야기해요. "저 사람은 참 감정적이야~ 너는 참 감정적이야" 전 그렇게 생각해요. 모든 사람은 감정적이라고요. 결국 마음 상하면 누구나 언행이 달라지는 것입니다. '말 한마디로 천냥빚을 갚는다'는 속담도, 말의 중요성을 이야기하는 것으로 쓰이는 속담이지만, 결국에는 말 한마디로 마음이 혹은 감정이 상하느냐, 살아나느냐가 중요하다는 것이에요.

우린 곧잘 감정적으로 살아갑니다. 아니 모든 사람은 감정적이에요. 다르게 표현한다면 사람은 정서적이며, 그 정서와 감정이 매우 중요하다는 거예요. 만약 내가 어떤 재능과 능력이 부족하다고 할 때, 그래서 도무지 할 수 없을 것 같을 때, 누가 봐도 거절해야 하는데, 나도 모르게 승낙하는 경우가 있어요. 그 경우 중 하나가 바로 누군가 내 마음을 샀을 때 그러합니다.

"저 솔직히 자신 없거든요. 그런데 그렇게 이야기하시니 한 번 해 보고 싶어졌어요."

이렇게 말이죠. 반면 충분히 할 수 있고, 해야겠다고 생각도 하고 있었지만, 안 하기를 선택할 수도 있어요.

"제가요. 솔직히 할 수 있거든요. 하려고도 했고요. 그런데 그렇게 말씀하시는 바람에 맘이 상했네요. 저 안할래요." 이렇듯, 마음을 망치면 즉 감정을 상하게 하면 모든 것이 망가집니다. EBS교육에서 나온 사례예요. 수학성적이 같은 아이들을 두 집단으로 놓고, 수학시험을 보게 하는데, 하나의 조건만 다르게 했어요. 한 반은, 시험을 보기 전 최근 7일 내로 있었던 기분 나쁘고 화가 났던 일을 상세하게 떠올려 보게 한 후, 시험을 보았고요. 다른 한 반은, 시험을 보기 전 최근 7일 내로 있었던 기분 좋고 행복하고 감사했던 일을 상세하게 떠올려 보게 한 후, 시험을 봤어요. 과연 결과는 어땠을까요?

평균이 무려 5점이나 차이가 났어요. 예상하는 바대로, 기분 나쁜 기억을 먼저 떠올리게 한 후 시험에 응한 반 학생들이 평균 5점이나 낮은 결과가 나온 거예요. "공부 머리 없는 아이는 없어요. 공부할 마음을 일으켜주지 못해서 그래요. 그 아이에 맞는 학습스타일을 찾아 주지 못해서 그래요." 마음을 망치면 학습도 망쳐요. 학습도 라는 것은, 마음을 망치면 모든 것이 망가지는데, 하물며 학습도 마찬가지라는 거예요. 하지만 도대체 어떻게 해야, 우린 서로의 마음을 살릴 수 있을까요? 내 아이의 마음을 살릴 수 있을까요? 내 딴에는 사랑 주려고 하는 것들인데, 왜 아이에게 그것이 전달되지 않을까요? 아이의 기질을 알고 아이의 마음을 살려 변화를 경험한 어머님은 아래처럼 이야기해요.

〈기질 코칭 사례 01〉

"아이가 공부머리가 없어서가 아니라, 아이에 맞는 학습법과 동기부여가 잘못 되어 있었음을 알게 되었어요. 공부에 흥미가 생기면서 스스로에게 놀라는 아이를 보니, 너무나 미안해집니다. 앞으로는 이 보물 같은 기질의 방향으로, 행복하게 잘 안내해 주고 싶습니다. 나의 어리석음을 대물림하지 않겠습니다."

03. 기질에 맞는 칭찬이 고래를 춤추게 해요.

칭찬은 고래도 춤추게 한다는 말이 있어요. 한 권의 책이 유명해지면서 널리 퍼진 메시지 중 하나인데요. 대기업의 중역인 웨스 킹슬리가 어느 날 범고래쇼를 보고 어떻게 바다의 포식자인 범고래가 조련사의 지시에 따라 이리 뛰고 저리 뛸 수 있을까에 대해 궁금증을 갖게 되었다고 해요. 그리고 담당 조련사로부터 고래의 긍정적 행동에 주목하였다는 이야기를 듣게 됩니다. 잘했을 때는 과도하게 칭찬을 해줌으로써 고래로부터 칭찬받을 수 있는 행위를 반복할 수 있도록 하고 부정적 행동은 외면하는 것이었어요. 부정적인 면에 집중하지 않고 긍정적인 부분에 집중해서 사기를 살리고 긍정마음을 고취시킨다는 이야기인건데요. 매우 일리 있고 공감하는 바예요.

그런데 사람에게 적용할 땐 그렇게 단순하지 않아요. 잘한다 못한다는 판단은 사람마다 다릅니다. 누구의 기준으로 봤을 때 잘한다 못한다 판단되느냐에 따라 누군가는 칭찬을 할 때라고 느낄 수 있고 누군가는 전혀 다른 방향으로 생각을 펼칠 수 있는 것이지요. 많은 인구의 수만큼 내적기준 또한 다 달라요. SBS 스페셜에 나왔던 이야기예요. 영재로 판별받은 아이들의 상당수가 어느 순간 영재성을 잃게 된다는 것인데요. 전문가는 감수성과 창의성이 높았던 아이도 '사춘기' 시기를 부모와 어떻게 보내는지에 따라 영재성은 사라질 수도, 더욱더 단단해질 수도 있다고 해요. 전문가에 따르면 영재들의 부모에게서 발견된 공통점이 하나 있대요. 바로 아이의 영재성을 유지하는 '열쇠'라고도 하는데요. 바로 '아이에 맞는 칭찬'이에요. 여기에서 중요한 건 그냥 '칭찬'이 아닌 바로 '아이에 맞는 칭찬'이에요.

그런 경험 있지 않나요? 나는 칭찬의 의미로 이야기했는데 상대는 전혀 다른 의미로 받아들이고 불편한 기색을 비춰 난감했던 경험. 또는 분위기상 칭찬이라고 나에게 하는 것 같은데 왠지 상대의 칭찬이 불편하기만 했던 경험들 말이에요. 기질별로 칭찬이라고 여겨지는 기준이 달라요. 그래서 '칭찬은 고래도 춤추게 한다'기보다 '기질에 맞는 칭찬은 고래도 춤추게 한다' '기질에 맞는 칭찬은 영재성을 유지하게 해 준다'라는 표현이 맞을 거예요.

이를테면, 누군가는 자신이 한 일에 대해 구체적으로 칭찬받는 것을 좋아하며 그때 자신이 인정받았다고 느낄 수 있어요. 그런데 누군가는 자신이 한 일보다 2~3배 더 크게 과장되게 인정해줄 때 비로소 칭찬받고 인정받았다고 느낄 수도 있고요. 만약 과장된 인정, 화끈한 인정을 칭찬이라고 여기는 기질의 사람이 자신이 좋아하는 칭찬 방식대로 칭찬한다면 어떨까요? 그런데 상대는 한 일에 대해서 만큼만 칭찬받는 것을 좋아하는 사람이었다면 어떨까요? 그 사람은 칭찬받았다는 느낌, 인정받았다는 느낌을 받기보다는 굉장히 불편해질 거예요. 더 나아가 어떤 의도로 감언이설을 하는 걸까하면서 머릿속이 복잡해질 수도 있고요. 2~3배는 더 잘했어야 한다는 못마땅함을 돌려 말하는 것은 아닐까라는 생각을 하며 칭찬의 의도를 왜곡할 수도 있고요. 요구받는 느낌이 들면서 내적 부담감이 커지고 칭찬 받지 않으니만 못한 정서를 느낄 수도 있어요. 그런 엇갈리는 칭찬방식이 지속된다면 서로에 대한 불만이 커져가겠죠.

이렇듯 칭찬받는 사람은 칭찬을 받는데도 자꾸 의기소침해 질 수 있고, 칭찬하는 사람은 칭찬을 해 주는데도 불편한 표정을 보이는 상대에게 불만을 느낄 수도 있죠. 기질에 맞는 칭찬이 필요한 이유입니다. 사람은 기본적으로 자기위주의 배려를 하고, 자기기준으로 판단하고 느끼기 때문에, 엄마들 역시 자기의 방식대로 아이를 대하고 칭찬할 수 있어요. 그런데 칭찬할수록 아이가 오히려 더 어두워지고 의기소침해진다면, 서로의 기질을 모르는 것에서 온 큰 오류가 있음을 알고 자신과 자녀의 기질을 알고 교정할 필요가 있어요.

04. 기질을 모르면 아이의 영재성이 사라져요.

위에 언급했듯이, 영재성을 가진 아이들이 부모의 양육 방식 때문에 그 잠재력을 잃고 평범해지기도 한다고 이야기해요. 영재성은 뛰어난 지적 능력, 창의성, 리더십, 예술적 재능 등 여러 가지 형태로 나타날 수 있습니다. 이런 재능을 가진 아이들은 장차 사회에 큰 기여를 할 수 있는 인재들이에요. 하지만 이러한 잠재력이 부모의 양육 방식으로 인해 빛을 발하지 못할 수도 있어요. 그렇다면 영재성을 유지하는 방법은 무엇일까요? 연구에 따르면, 위에 언급한 것처럼 부모가 자녀의 기질에 맞는 칭찬을 하는 것 그리고 더 나아가 자녀에게 맞는 학습 방법을 알고 이를 실천할 때, 아이들은 자신의 특별한 재능을 유지하고 발전시킬 수 있어요. 자녀의 타고난 기질을 이해하고 이에 맞는 양육 방식을 선택하는 것은 정말 필수적이고 중요한 부분입니다.

위에 언급했듯이, 아이를 칭찬하는 방식은 그들의 자존감과 자기 인식에 큰 영향을 미쳐요. 부모가 자녀의 기질을 이해하지 못하고 적절하지 않은 방식으로 칭찬을 하면, 오히려 아이는 그 칭찬을 부정적으로 받아들일 수 있어요. 예를 들어, 내성적인 아이에게 외향적인 행동을 칭찬하면, 아이는 그 칭찬이 부담스럽고 진심이 아닌 것처럼 느낄 수 있어요. 이런 경우 아이는 자신이 잘못된 방향으로 가고 있다고 생각하게 돼요. 또한 학습 방법도 아이의 기질에 맞춰져야 해요. 영재 아동 그리고 모든 아이들은 각기 다른 학습 스타일을 가지고 있고, 이를 이해하고 지원하는 것이 그들의 학습 동기와 성취감을 유지하는 데 필수적이에요. 예를 들어, 논리적 사고를 즐기는 아이에게는 문제 해결 중심의 학습 방법이 효과적일 수 있지만, 창의적인 아이에게는 실험과 체험 중심의 학습이 더 적합할 수 있어요. 많은 연구들이 부모의 양육 방식과 자녀의 영재성 유지 사이의 깊은 관계를 보여 줘요. 시각적 사고와 학습에 대한 연구로 잘 알려진 Thomas G. West는 영재 아동들이 전통적인 교육 방식만으로는 최대의 잠재력을 발휘하기 어렵다는 점을 언급하며, 각 아동의 특성과 필요에 맞춘 개별화된 접근 방식이 중요하다고 강조해요. 이러한 맞춤형 접근이 없는 경우, 아이들은 학습에 대한 흥미를 쉽게 잃게 돼요. 그리고 잠재력을 충분히 발휘하지 못하게 돼요.

05. 기질에 있어, 약점과 단점은 없어요.

우리는 보통 사람의 심리유형을 이야기 할 때 장점과 단점 혹은 강점과 약점으로 이야기를 해요. 이를테면 "추진력이 당신의 강점이에요. 반면 성급함은 약점입니다. 성급함을 고치고 추진력을 잘 활용해 보세요."라고 이야기합니다. 혹은 "왕성한 호기심이 당신의 장점이에요. 반면 단점은 너무 산만하다는 거고요. 산만함을 잠재우고 호기심을 살려보세요. 그럼 정말 멋진 사람이 될 거예요"라고요. 이런 이야기를 들으면 우리는 성급함을 알아차리고 성급하지 않은 사람이 되고자 신경쓰고 애쓰는 데 많은 노력을 들이게 돼요. 산만함을 줄여 보고자 긴장하며 자신이 산만해질 때 '내가 또 이러네' 하면서 자신을 못마땅해 하며 스스로를 변화시키겠다고 애쓰게 됩니다. 그 성급함과 산만함은 과연 얼마의 시간이 지나야 교정될까요? 어느 정도의 노력을 쏟아야 교정될까요? 과연 그것이 교정이 되긴 할까요? 그것이 교정된 후에 강점이었던 추진력은 그대로 남아 있을까요? 장점이었던 호기심은 여전히 강하게 남게 될까요? 자기계발과 성장이라는 구호를 외치며 이러한 시도들을 많이들 해 보셨을 거예요. 결과는 어땠나요?

기질관점에서 봤을 때, 이것들은 굉장히 모순이에요. 모든 것은 빛과 그림자처럼 양면성을 가지고 있어요. 빛이 있기에 그림자가 생깁니다. 그런데 그림자를 없애고 싶다면 결국 빛이 사라져야만 해요. 산만함을 교정하기 위해 애쓰는 순간 호기심이라는 특성이 옅어질 수밖에 없다는 거예요. 성급함을 교정하기 위해 노력하다 보니 추진력이라는 빛이 사라지는 일이 벌어진다는 거예요. 남들이 요구했던 성급함은 옅어졌는데 추진력 있던 그 사람도 사라지게 됩니다. 남들이 요구한대로 산만하지 않은 사람이 되었는데 호기심도 줄어들게 된다는 거예요. 이렇듯 기질은 쉽게 교정이 되지 않을 뿐만 아니라, 고치려고 하면 그 사이 강점 혹은 장점이라고 여겨졌던 특성들까지도 퇴화하고 옅어지게 돼요.

다원재능심리학에서는 재능과 난관이라고 표현해요. 모든 기질적 특성은 태어나면서부터 가지게 되는 그 사람만의 의미욕구예요. '나는 이렇게 살아야 삶이 의미 있다고 여겨지고 행복하게 여겨져'라는 자신의 정체성이에요. 그 사람의 행복의 방향성을 알려 주는 행복의 코드예요. 어떻게 살면 행복하다고 느껴지고 '난 행복한 사람이야'라는 생각이 들 수밖에 없는지를 알려 주는 행복의 실마리인 셈입니다. 노력하지 않고도 저절로 되어지는 그 사람의 재능이에요. 모든 재능은 그 재능으로 자신을 행복하게 하고 살맛나게 하고, 일을 성공하게 하고 삶의 의미를 느끼게 해요. 하지만 때로는 그 기질적 재능으로 인해 일을 그르치게 되기도 하고 사람들이 내 의도와 다르게 나를 오해할 수도 있고, 그런 기질 때문에 스스로도 힘겨움을 느낄 수도 있어요. 이를테면, 열정과 추진력, 도전, 자기주도력 등의 재능은 빠른 포기와 협동심 부족, 비판하는 말 듣기 어려움, 흥분 같은 난관을 가질 수밖에 없어요. 지적 호기심, 이해, 배움, 경험, 아이디어 발달 등의 재능은 산만, 수박 겉핥기, 지적 우월감, 힘들면 포기, 감정이해 부족 등의 난관을 가질 수밖에 없고요. 재능의 빛만 갖고 재능의 그림자는 하나도 갖지 않겠다는 것은 불가능한 거예요. 그렇기에 그림자를 지우느라 수고와 노력을 하면서 그 빛을 사라지게 한다는 것이 얼마나 어리석은 걸까요? 자신을 행복하다고 느끼게 만드는 특성들을 옅어지게 한다는 것은 자기 삶에서 행복을 옅어지게 만드는 것과 다름이 없어요.

06. 부모 탓이 아니에요.

<u>부모의 양육방법이 성격을 형성하는 데 결정적인 영향을 미치지 못한다는 것이 밝혀졌습니다.</u>

미네소타대학 심리학과 교수인 토마스 뷰샤드 교수는 30년 동안 일란성 쌍둥이와 이란성 쌍둥이를 연구했어요. 그들은 모두 유아기 때부터 떨어져 살다가 성인이 된 후에 만난 쌍둥이들이었어요. 연구팀이 연구를 시작했을 때 심리학자들은 '성격이란 온전히 부모가 어떻게 양육했느냐에 의해 결정된다'고 생각했어요. 그렇다면 떨어져 자란 쌍둥이들은 서로 다른 가정에서 성장하였기 때문에 다른 성격을 가지고 있어야 하는 건데요. 하지만 연구팀이 발견한 것은 달랐습니다. 오랜 시간이 지난 후에도 쌍둥이 사이에서 많은 유사점이 발견된다는 것을 알게 된 거예요. 그들은 이렇게 결론을 내렸어요. "결국 우리가 발견한 것은 부모의 양육방법이 성격을 형성하는 데 결정적인 영향을 미치지 못

한다는 것입니다. 유전적인 영향이 중요한 역할을 한다는 사실입니다"
라고요. 이에 더해 낸시 시걸 박사는 40년 만에 재회한 일란성 쌍둥이
가 일본에서 태어나자마자 미국으로 입양돼 서로 다른 양부모 밑에서
자랐지만 둘 다 역도 선수의 길을 걸어온 것에 대한 것을 언급했어요.

2009년 동아일보 기사에 나온 내용을 보면, 국내 유일의 쌍둥이 연구
전문가인 한국쌍둥이연구센터 허윤미 박사가 1988년부터 2000년까지
수만 명의 쌍둥이를 조사해 오다 귀국해 국내에서도 쌍둥이 연구를 하
고 있다고 해요. 그 중 놀라운 결과는, 쌍둥이 연구에 따르면 성격에 대
한 가정환경, 즉 부모의 교육수준, 수입, 양육 태도의 영향은 10% 미만
이라는 거예요. 오히려 유전이 미치는 영향이 막대하다는 거예요.

하지만 우리는 어떤 사람이 심리적인 어려움을 겪고 있을 때, 그 심
리의 원인을 부모의 양육태도, 가정환경, 경험한 사건 등에서 찾으려
고 하는 것이 보편화되어 있어요. 이러한 인식의 문화는 결국 자기 자
신의 기질을 통한 자기인식, 자기빛깔을 찾게 된다기보다는, 나 이외
의 환경과 부모님을 비롯한 타인을 탓하게 만들어요. 그렇게 자신의
심적 불편감을 외부의 탓으로 돌리는 것에 대한 정당성을 부여하게 만
들기도 해요. 위에 언급된 연구들은 후천적인 양육방식과 환경이 성격
에 미치는 영향은 미비하며 유전이라고 합니다. 즉 타고난 것이라고
이야기해요. 다만, 위 연구들에서 성격이라는 단어는 기질로 바뀌어져

야 정확해져요. 앞서 이야기했듯이 성격은 외부의 환경과 요구에 부응하면서 변형되는 성질의 것이기에 부모의 양육방식 등의 영향을 받는 것이 맞거든요. 반면 기질은 태어나면서부터 결정되는 거고요. 그리고 유전이라는 말도 그냥 타고난 것이라고 표현하는 것이 맞아요. 자녀들은 엄마, 아빠 두 분의 기질을 그대로 받는 것이 아니라, 엄마, 아빠와 전혀 다른 기질을 갖게 되기도 해요. 기질은 부모나 조상에게서 물려받는 것이 아니라, 각각의 사람에게 독립적으로 부여되는 거예요. 가족 기질검사를 하면, 가족 모두의 기질이 전부 다른 경우도 많아요.

〈기질 코칭 사례 02〉

"현재 5학년, 6학년 아이를 키우고 있어요. 아이 8개월쯤부터 육아에 집중하기 시작했는데요. 저는 '아이를 결대로 키우자'는 생각으로 저 나름대로 노력을 하면서 키웠어요. 그러면서 '잘하고 있나 이 방법이 맞나' 이런 생각들을 많이 했답니다. 그러다가 다원재능검사기반의 심리진로 그룹코칭에 온 가족이 참여하게 되었는데요. 하면서 지나온 세월에서 힘들었던 부분, 걱정했던 부분들이 왜 그랬는지 이해가 되었어요. 그리고 직장생활하면서 양육에 집중하지 못했던 시간에 대해서 큰아이에 대한 죄책감이 있었는데요. '나의 잘못이 아니었구나, 천성적인 특성이었구나' 싶어 위로가 많이 되었고요. 제일 크게 깨달았던 점은 천성을 제대로 알고 기쁘게 받아들이고 지지해 주는 게 중요하다는 거였어요. 저는 '아이를 결대로 키워 주자'해서 주로 수용해 줬다면 '앞으로는 지지해 줘서 재능을 발휘할 수 있게 도와주자'라고 생각이 바뀌게 되었어요. 저 역시 내 재능을 발휘하면서 살아야겠다 싶고요. 요즘 마음도 편하고 행복합니다. 요즘 주변에서 보면 분명 아이의 재능인데 그걸 모르고 힘들어한다던가 불편해한다던가 하는 걸 보고 안타까운 마음이 들 때가 있거든요. 지금이라도 자신과 가족의 천성기질을 알아보고 그것을 지지해 주고 양육하는 것이 자녀 양육의 지름길이라고 생각해요. 저도 10년 전에 이 프로그램을 알았다면 아이들을 다르게 키웠을 텐데… 지금쯤 다른 모습을 하고 있을 텐데 하는 생각도 들더라고요. 그런 지름길 같은 프로그램이라서 추천해드리고 싶고요. 지금이라도 저와 남편 그리고 아이들의 재능을 알고 재능을 지지해 주고 난관을 만났을 때 따뜻하게 바라볼 수 있게 되어 기쁩니다. 앞으로 각자의 기질로 인해 난관을 만나더라도 걱정보다는 희망이 더 있을 것 같아요. 그런 면에서 저는 매우 많은 도움을 받았습니다." 〈○○맘〉

3장

기질인지 상처인지 구분하지 못하면, 재능이 질병이 돼요.

01. 아이를 상담센터에 보냈더니, 다녀와서 엄마, 아빠를 원망하네요.

부부싸움을 매일 하는 부부 밑에서 4형제가 자랍니다. 그 중 한 아이가 상담센터에 와서 치료를 받습니다. 그 아이의 상처의 원인은 가정환경, 매일 싸우는 엄마, 아빠 때문입니다. 부모는 가해자이고, 아이는 피해자입니다. 이렇게 사람 심리의 상처 원인을 삶의 경험에서 찾는 것을 경험론(과정론)이라고 해요. 그러한 양육환경이 마음을 힘들게 하고, 상처가 될 수는 있어요. 그리고 바람직한 양육환경이 아니기에 개선이 필요한 것도 맞아요. 하지만 그것만이 원인인 것처럼 생각하고 해결하려고 한다면 본질적인 해결이 되지 않아요. 그저 부모와 가정환경을 탓하는 마음만 남게 돼요. 그리고 실제로 그러한 양육환경이 가장 근본적인 원인은 아니에요. 정말 그것이 원인이었다면, 그 집의 모든 자녀들이 똑같은 상처로 같은 증상을 드러내며 상담센터에 와야 해요. 하지만 한 아이에게는 그러한 환경이 상처와 트라우마로 남는 반면, 크게 영향 받지 않는 아이가 있기 마련이에요. 센터에서는 아이는 피해자가 아니고, 부모는 가해자가 아님을 알게 되는 기회가 될 수 있도록 해야 해요. 아이가 피해자라는 생각에서 벗어나 왜 그러한 환경이 유독 나에게 더 아픔이 되고 상처가 되었는지를 자신에게서 발견할 수 있도록 도와줘야 해요. 바로 각자의 고유성인 천성기질이 달라서예요. 천성은 그 사람의 행복의 코드이자 재능의 씨앗이에요. 그 아이가 상처받아 온 그 자체 속에서 그 아이의 행복의 코드와 재능을 발견할 수 있어야 해요. 상처받아 온 그것이 그 아이의 재능이에요. 이제 아이는 자신의 기질 이해를 통해서 행복을 위한 방향을 이해하게 되고, 자신의 재능을 살릴 방향으로 집중하게 돼요. 실제로, 일반 상담센터에서 우울증 진단 또는 ADHD 진단을 받고 왔는데, 질병이 아니라 재능으로 판명된 경우가 종종 있어요. 기질적 고유성으로 인해 우울증이나 ADHD 증상으로 보이는 것이라면 기질 이해와 지지를 통해 그 기질을 다른 방향으로 건강하게 발휘하도록 도와주면 돼요. 기질적 고유성과 전혀 무관한 것이라면 분명 치료가 필요한 상태인 거고요. 하지만 그것이 기질의 고유성인지 상처로 인한 이상심리인지 구분하지 못하면, 아이의 재능이 질병으로 둔갑해요. 재능을 꽃 피우는 데 집중하지 못하고, 치료받아야 할 대상이 되어, 전혀 엉뚱한 삶을 살아가게 돼요. 우리의 천성기질을 정확하게 아는 것은 사람의 인생행로를 완전히 뒤바꾸어 놓을 만큼 중요한 부분이에요.

<기질 코칭 후기 03>

"어제 ○○쌤 이야기 들으며 얼마나 힘들었을까 얼마나 걱정이 되었을까 마음이 많이 아프더라고요. 그래도 지금은 아이를 이해하고 아이 또한 자신의 재능으로 알고 잘 지낸다하니 얼마나 다행인지… ○○쌤의 노력과 아이들 사랑하는 마음이 전해지더라고요. 전 어제 수업 들으며, 부모교육에서 다원재능을 도입하면 딱 좋겠다는 생각을 많이 하게 되더라고요. 제가 알고 있는 부모교육 쌤들한테라도 많이 전파해보려고요."

"저도 어제 ○○쌤 얘기 들으면서 또 저희 아이들 경우 생각하면서 아이들의 고유성을 부모가 알고 또 알려줄 수 있음이 얼마나 감사한지 다시 한 번 느꼈어요. 지난 6월 저희집 딸 아이도 1회에 ○○만원 하는 유아심리치료를 받아야겠다고 그것도 1회성이 아닌 최소 10회는 받아야겠다고 권유받았었어요. 2년 이상 꾸준히 다니던 유아교육관련 기관이었고 그래서 저희 아이에 대해 잘 안다는 분이 그런 처방을 내서서 굉장히 마음이 불안했었어요. 저도 아이가 말을 더듬고 전과는 좀 다르다는 것을 느끼고 있었거든요. 감사하게도 나 사용법 그룹코칭을 신청해 두었던 터라 이주아 대표님께 상의 드리고 심리치료 대신 다원재능으로 아이의 문제를 접근했는데… 지금 와서 보면 ○○기질의 딸 아이는 그저 급하고 빨리 전달하고픈 기질 때문에 말을 더듬는 것이었고 심리적인 문제는 아무 문제가 없었어요. 아이의 기질을 알고 관찰하니

심하게 밝고 밝은 아이네요. ㅎㅎ 아이에 대해 문의 드릴 때 모든 것을 문제로 보면 문제가 될 수 있다고 걱정하지 말라고 하셨는데 공부하면서 무슨 말씀이신지 알았어요. 요즘 저는 대표님. 선생님들 만난 것이 큰 감사함입니다. 남은 주말도 편히 보내세요."

(이건 저의 답변이었습니다. → 섣불리 모든 치료가 불필요하다고 할 수는 없지만요. 기질 이해를 바탕으로 한 존재적 사랑과 맞춤형 지지가 매우 중요해요. 천성기질을 근간으로 보면 상처 때문인지 기질적 특성인지, 질병인지 재능인지가 바라봐집니다. 잘 지켜보면서 맞춤형으로 케어와 사랑을 주시면 될 듯해요. 저에게도 역시 한 분 한 분과의 인연이 참 신기하고 감사합니다.)

"저도 저희 친정아빠가 애 말 못하는 거 아니냐고 병원 데리고 가 보라고 했었어요.
작은 아이는 "우리 아이가 달라졌어요"에 보내야 된다고 했고요. ㅎㅎ 부모가 문제로 바라보지 않고 접근하면 잘 큰다고 봐요.
저희 조카도 ○○기질인데 어릴 때 ADHD라고 했었거든요.
따로 치료나 상담은 안 받았었거든요. 사실 저도 조카가 버겁더라고요. 이제 재능으로 바라보니 버겁다기보다 다른 방법으로 조카를 대하게 되더라고요."

"아이 앞에서 부부싸움을 해서 ADHD 성향이 생긴 것 같아 죄책감이 생겼어요. 그래서 더욱더 고쳐주려고 양육 전문서적들을 많이 봤고요. 그런데 ADHD 성향이 아니었어요. 더 일찍 이걸 알았더라면 ADHD 성향으로 이상하게 보지도 않고 잘 키웠을 것 같아요. 요즘 아이들이 지식 위주의 교육 때문에 힘들어하고 있어요. 우리나라 유아교육기관과 모든 교육에 기질을 통한 인품교육이 들어갔으면 좋겠어요. 그러면 아이들은 스스로 자기가 원하는 것을 찾아가고 행복하게 자랄 것 같아요."〈○○맘〉

"한 곳에 머물러 있지 않고 다양한 사람들과 만나며 얘기하는 것이 너의 내면이 허해서 밖에서 무엇인가를 찾으려고 하는 게 아니고 사람들을 만나며 여러 곳을 다니는 것이 너의 타고난 재능이야. 어렸을 때 부모로부터 사랑을 못 받아서 부모가 아닌 다른 사람들에게 사랑을 받으려고 사람들을 만나는 것이 아니야라는 말을 나 스스로에게 들려줄 수 있음에 감사합니다. 하마터면 나의 재능이 질병이 될 뻔 했습니다. 천성기질을 아는 것이 얼마나 중요한지를 절감합니다. 감사합니다."
〈○○맘〉

심리치료를 하지만 세상은 왜 갈수록 나빠질까요?

"심리치료 100년의 역사에 대한 반성"은 제임스 힐먼(James Hillman)

의 저서로, 심리치료의 역사와 그 사회적 영향을 반성적으로 고찰한 책이에요. 힐먼은 심리치료의 발전이 개인의 문제 해결에만 초점을 맞추면서, 사회적, 문화적, 환경적 문제를 간과하고 있다고 주장하고 있어요. 그는 심리치료가 사람들의 내면을 치유하면서도 외부 세계의 악화에 기여하고 있다고 비판해요. 여러 가지 각도에서 비판을 하는데요. 제가 생각하는 맥락과 100% 일치하는 것은 아니지만, 심리치료가 무엇을 놓치고 있는가에 대한 하나의 의견을 이야기해 주고 있기에 언급을 해 봅니다.

어느 날 전화를 받았어요. 한 어머님이 주신 전화인데요. 따님이 요즘 마음이 힘들다고 해서 상담센터를 가 보라고 권해 줬대요. 그랬더니 다녀와서 지난 과거 이야기를 쏟아내면서 어린 시절 아빠가 나한테 이래서 그 상처로 지금 이렇고 엄마는 또 내가 몇 살 때 나한테 그렇게 해서 내가 지금 그 상처로 이렇고 하며 이야기하더라는 거예요. 그럴 수 있는 부분인데요. 그럼에도 그것이 자신이 느끼는 심리적인 이슈의 본질이라고 생각하는 것은 큰 오류예요.

방송에서 한 젊은 여성이 연사에게 이야기합니다. 원래 자기는 어려서부터 상처를 많이 준 아빠가 미웠는데, 상담센터 다녀오고 나서 엄마도 미워졌다고요. 엄마도 내게 상처를 많이 줬다는 걸 알게 되었다고 말하면서요. 그러자 그 연사가 뼈있는 말을 농담식으로 이야기합니다. "그럼 오늘 나랑 상담하고 나서는 외할머니도 미워하게 되면 되겠네요"라고요.

이처럼 사람이 심리적인 불편감과 이상 증세가 생기면, 그것의 원인을 어린시절이나 과거의 상처 또는 환경에서 찾으려고 하는 대중화된 문화가 참 안타까워요. 앞서 이야기했지만 그게 정말 본질적인 원인이라면, 같은 환경에 놓인 모든 형제. 자매가 같은 증상을 호소해야 하는 거거든요. 결국 내가 그것을 상처라고 느끼고 판단하게 된 것의 근본원인은 나의 기질적 프레임으로 인한 거예요. 타인이나 외부 환경이 나에게 그렇게 여겨지는 것의 원인을 나의 내면에서, 나의 무의식적 프레임인 기질에서부터 발견해야 해요.

발달심리학은 근본적으로 우리가 부모 양육의 결과이며, 같은 맥락에서 우리는 과거에 발생하여 지울 수 없는 얼룩을 남긴 상황의 피해자라고 설명한다.
《나는 무엇을 원하는가, 제임스 힐먼/나무의 철학》

내 염색체 안에서 이미 벌어진 상황, 여기에 내 부모의 역할이 있건 없건 이미 오래전의 어린 시절을 갖고 삶을 설명하려고 하면 할수록 우리의 일대기는 피해자나 희생자의 이야기에 머물 뿐이다. 피해자 의식을 불러일으키는 이론적 패러다임을 간파하고 벗어버려야만 이를 비로소 극복할 수 있다.
《나는 무엇을 원하는가, 제임스 힐먼/나무의 철학》

그런 이야기가 있어요. 병의 종류가 많아지면서 환자가 많아졌다고요. 그래서 신체적으로도 요즘에는 과도한 건강검진, 세밀한 건강검진이 오히려 불필요하게 많은 병을 진단하고 환자를 만들어 버린다고요. 그런데 마음(정신)의 이슈에 있어서도 마찬가지예요. 어떤 분이 이런 이야기를 하시더라고요. "DSM분류를 봤더니 자신은 아동 및 청소년장애만 빼고 다 해당이 되는데 이대로 살면 정신병원으로 끌려가는 것 아니냐고요." 어떤 상담사는 이렇게 이야기합니다. "정신병도 유행이 있더라고요. 새로운 병명이 만들어지면서 그 해당 정신질환 환자들도 많아지는 것 같아요"라고요.

앨런 프랜시스의 저서인 〈정신병을 만드는 사람들〉이란 책에서 이렇게 이야기해요.

15년간 소아 양극성 장애 환자 40배 증가, 자폐증 환자 20배 증가, 주의력 결핍/과잉 행동 장애 3배 증가, 성인 양극성 장애 2배 증가했다. 오늘날 미국에서 80명 중 1명의 아이가, 한국에서는 38명 중 1명꼴로 자폐증 진단을 받는다. 전체 어린이의 10퍼센트가 주의력 결핍/과잉 행동 장애에 해당한다.

왜 이렇게 많은 사람들이, 특히 아이들이 갑자기 정신 질환
자로 돌변하게 된 것일까? 단지 정신 의학의 진단 체계가 정
교해진 탓일까? 교실의 붕괴, 가정의 붕괴, 복잡한 현대 사회
가 환자를 양산하고 있기 때문일까? 이대로 우리 모두가 범
람하는 정신병 앞에 무너지고야 마는 것일까?

02. 문제는 질병이 아니라 진단이에요.

아래는 〈정신병을 만드는 사람들〉이란 책에 대해 프레시안과 매일
경제에 실렸던 기사예요.

[전 세계 모든 정신과에 비치되어 있으며, 정신 장애 진단의
독보적인 기준으로 자리 잡은 정신 의학의 성경이라고 하는
DSM(정신 장애 진단 통계 편람)의 탄생과 개정 역사를 중
심으로 현대 정신 의학과 정신 장애 진단의 빛과 그림자를
조명한다. 과거부터 현재까지 정신 의학계에서 어떻게 새로
운 정신 장애가 발명되고, 그때마다 탐욕스러운 제약업계와
부주의한 의사가 결합하여 과잉 진단과 과다 투약, 거짓 정
신병의 유행을 불러일으켰는지를 정신 의학계 내부 고발자
의 생생한 목소리로 듣는다. 또한 오고가는 부풀려진 정신병
의 유행 속에서 나 자신, 그리고 내 아이와 가족의 정신 건강

을 현명하게 지키고 치유할 수 있는 지침들도 제공한다.]

이어서 이렇게 이야기해요.

"인젤 박사의 관점은, 정신 의학이 다른 의학 분야에 비해서
많이 뒤쳐져 있는 이유는 '생물학적, 과학적 이론'에 기반한
연구를 중심으로 발전해 오지 않았으며, 다양한 직종의 정신
분석 학자들과 행동 심리 치료사들, 그리고 제약 회사들의
영리 등이 복잡하게 얽혀 마치 '바티칸 콘클라베' 식으로 그
내용이 결정되는 DSM(정신 장애 진단 통계 편람)으로는 더
이상 정신 의학의 발전을 이루기가 어렵다는 것이다."《프레
시안》

"이 책은 내부자의 시선으로 현대 정신 의학계의 문제점을
낱낱이 폭로하는 내부 고발서인 동시에, 진단의 기준을 대폭
넓힘으로써 그릇된 정신병의 유행을 일으키는 데 일조한 것
을 고백하는 일종의 양심선언이다."《매일경제》

제가 겪은 사례처럼, 우리가 종종 듣는 사례처럼 갈수록 너무나 많
은 사람들이 정신적 질병의 카테고리 안에 속하게 됩니다. 그리고 그
에 앞서서 가장 안타까운 것은 마음적으로 힘들어하기에 상담센터에

보냈더니, 다녀와서 환경과 부모에 대한 원망이 증폭되는 경우가 종종 있다는 것입니다. 힘든 심리, 상처받았다고 느끼고 불행감을 느낀다는 것은, 자신의 행복의 씨앗, 방향성, 기질을 알아달라는 신호예요. 나 이외의 타인 혹은 외부를 탓하고 자신을 피해자로 여기지 말아요. 우리는 태어나면서부터 자신만의 행복의 씨앗과 열매를 가지고, 자기 빛깔대로 행복을 누리고 세상에 기여하고자 온 독립된 개체들이에요. 우리는 타인과 외부환경에 맥없이 상처받고 휘둘리는 존재들이 아니라, 태어나면서부터 가져온 자기만의 빛깔인 기질을 발현하며, 자신답게 세상을 경험하고 느끼고 판단하는 독립되고 주체적인 존재들이랍니다.

03. 저는 형제들 중 유난히 더 가난한 부모를 원망했어요.

어린 시절, 우리는 모두 각기 다른 환경 속에서 자라며 다양한 경험을 통해 자신만의 세계관을 형성해 나가요. 같은 가정에서 자라더라도 형제, 자매들이 각기 다른 생각과 느낌을 가지게 되는 경우는 흔히 있는 일이에요. 그러나 이러한 차이의 원인이 무엇인지 깊이 고민해 본 적이 있나요? 저는 어릴 적 가난한 가정에서 자라며 부모님을 원망하곤 했어요. 풍요롭지 못한 삶에 대해 형제들 중 불만이 가장 많았고, 나의 불행한 느낌의 원인은 가난한 부모님 때문이라고 생각했어요. 가난한 가정환경이 상처가 되어 내가 힘든 것이라고 생각했어요. 하지만 시간이 지나 형제들과 이야기를 나누면서, 우리는 같은 환경에서 자랐지만, 각자 다른 생각과 느낌을 가지고 있었다는 것을 알게 되었어요. 이 깨달음은 결국 나의 생각과 경험을 받아들이는 기준이 무엇인지, 그리고 그것이 얼마나 인간에게 큰 영향을 미치는지를 깊이 생각하게 만들었어요.

사람들은 종종 자신이 겪은 경험을 환경이나 외부 요인에 의해 결정된다고 생각해요. 특히 어린 시절, 우리는 부모님의 행동이나 가정환경에 큰 영향을 받는다고 믿어요. 물론, 환경은 우리의 성장에 중요한 영향을 미치지만, 더 중요한 요소는 바로 우리의 기질이에요. 기질은 우리가 태어날 때부터 가지고 있는 무의식적인 내적 잣대로서, 세상을 바라보고 경험하는 방식을 결정해요.

제가 가난한 가정환경을 유난히 더 불만스럽게 느꼈던 이유는 나의 기질 때문이었어요. 저의 기질적 특성들 중 중요한 하나가 경제적 안정과 풍요를 중요한 가치로 여기는 것이었기 때문에, 풍요롭지 못한 삶을 받아들이기가 다른 형제들보다 더 어려웠어요. 하지만 다른 형제들은 나와는 다른 기질을 가지고 있었고, 따라서 같은 환경을 전혀 다른 방식으로 받아들였어요. 어떤 형제는 이 집안을 일으켜 부자로 만들겠다고 다짐했고, 또 다른 형제는 잘되어 이 집을 벗어나겠다는 생각을 했어요. 또한, 부모님을 안쓰럽게 여겨 집안일을 돕거나 따뜻한 말을 해드려야 한다고 생각한 형제도 있었어요. 이처럼, 우리는 각기 다른 기질을 가지고 있었기 때문에 같은 환경에서 서로 다른 방식으로 반응했던 거예요. 그렇다면 무의식적으로 풍요와 경제적 안정을 중요한 가치로 여기는 저의 기질은 형제들보다 열등한 기질을 가졌다는 의미일까요? 그렇지 않아요. 그 기질이 가진 다양한 특성들이 저를 살맛나게 하고, 존재감을 느끼게 해요. 성과낼 때 그 특성은 일을 성공시키는 데 재능으로 쓰여요. 그리고 그 감각으로 세상에 기여하게 되는 저의 자원이기도 해요.

기질은 우리가 세상을 인식하고 반응하는 방식을 결정하지만, 환경역시 우리의 기질에 영향을 미쳐요. 저의 경우, 가난한 환경은 저의 경제적 안정에 대한 집착을 더욱 강화시켰죠. 저는 가난한 상황에서 벗어나고 싶다는 강한 욕망을 느꼈고, 그것이 저의 행동과 생각에 큰 영향을 미쳤습니다. 그러나 기질이 달랐던 다른 형제들은 이와는 다른방식으로 환경에 반응했어요.

이처럼 기질이라는 씨앗이 환경이라는 자원에 다르게 반응을 하게만드는데요. 만약 저의 집이 부자였다면, 저는 다른 생각을 하게 되었을까요? 안정과 풍요의 기질적 욕구가 채워졌기에 내적인 불행감의느낌은 해소되었겠지만, 제 무의식속의 생각의 잣대는 여전했을 거예요. '풍요롭지 못한 것은 옳지 않아'라는 내적 메시지는 주변에 풍요롭지 못한 가정들을 보면서 여전히 제 안에 있었을 거예요. 제가 기질검사를 받고 뒤통수를 세게 얻어맞은 것처럼 놀랐던 부분이 바로 이 대목이었답니다. 나의 가난한 환경은 때마침 나의 기질 씨앗을 강화시키기는 했지만, 그러한 생각은 가난한 부모를 만나지 않았더라도 여전히 제 안에서 무의식적인 잣대로 작동했을 거라는 부분이요. 만약 내 불행의 느낌이 가정환경과 양육방식이 근원적인 원인이라고 봤다면, 전 그저 가난한 부모와 가정환경을 탓하며 상처받은 가엾은 자의 입장을 취하게 되겠죠. 하지만 그것을 제 안의 기질의 씨앗이 환경에 감응한 것이라고 보면, 저는 가난한 집에서의 불행감을 통해, 제가 가진 삶의 가치. 존재감을 느끼는 방식. 정서를 안정시키는 스타일. 무엇을 잘하고 좋아하는지, 어떤 삶을 추구할 때 행복한지, 무엇으로 세상에 기여할 수 있는지를 알게 되는 감사한 계기를 만나게 됩니다. 그때 저는 내 삶을 독립적이고 주체적으로 만들어갈 수 있는 자원들을 얻은 천군마마의 느낌으로 삶을 향해 전진해 나갈 수 있게 되는 것이지요.

기질을 이해하고 받아들인다는 것은 단순히 우리의 성향을 인정하는 것을 넘어, 그것이 우리의 삶에 어떻게 영향을 미치는지를 깊이 인식하고, 이를 바탕으로 삶의 방향을 설정하는 것을 의미해요. 기질은 우리의 감정, 생각, 행동에 매우 깊이 자리 잡고 있고, 이는 우리의 일상적인 선택과 인간관계, 그리고 궁극적으로는 삶의 질에까지 영향을 미쳐요. 따라서 자신의 기질을 이해하는 것은 자신을 더 잘 이해하고, 더 나아가 자기 자신에게 맞는 삶의 방식을 선택하는 중요한 열쇠가 돼요.

04. 우울증도 ADHD도 재능일 수 있어요.

기질검사 후 개인코칭에서 만나는 S3라는 특성을 품고 있는 분들에 대한 이야기를 나누어 보려고 해요. 이 기질의 분들은 해리포터 못지 않은 책과 영화를 만들고도 남을만큼의 굉장한 상상력과 예술력 그리고 경계없이 순식간에 동화되고 흡수할 수 있는 학습력 등의 재능을 자연스럽게 가지고 태어난 분들인데요. 그런데 그 분들이 가진 삶의 상처가 된 스토리가 너무나 닮아 있어요. 심지어 어린시절 아픔이 된 기억을 떠올리며 눈물을 흘리시는데 그 경험이 똑같더라고요. 너무 놀라 저도 모르게 오싹해질 지경이었습니다. 어찌 보면 행복을 느끼는 내적 기준이 같으니 불행감을 느끼거나 상처라고 받아들여지는 경험도 유사할 수밖에 없는 것이 당연하기도 해요. 상담센터를 가면 우울증이라고 진단되어 나온다고 하는데, 그것은 질병이 아니라 그들이 가진 엄청나게 섬세한 정서적 민감성과 말하지 않아도 느껴버리는 정서적 직관의 재능이에요. 그 증상은 자신이 어떻게 살면 행복하다고 느끼고 의미있는 삶이라고 여기는지를 알려 주고, 행복의 방향성을 알게 해 주는 자원이고 신호예요. 그런데 상처로 인한 우울증으로 진단받고 우울증 약을 처방받아 오셨더라고요. 기질에서 온 심리재능인지 이상심리인지 상처인지 구분하지 못하면 재능이 질병이 되기도 해요. 기질에서 온 심리재능을 알아봐주지 못하니 재능은 빛을 발하기 전에 상처를 품고 희미해지게 됩니다. 그 재능의 주인공은 날개를 펴고 비상하기 전에 나에게는 날개가 애시당초 없었노라고 낙담하게 돼요. 서서히 뜨거워지는 물의 개구리마냥 점차 활력을 잃게 돼요. 언급한 S3기질 경우처럼, P기질이나 I기질의 아이들 혹은 사람들은 곧잘 ADHD로 진단을 받기도 해요. 감당할 수 없는 그들의 쉼없는 생동력. 활동력. 열정이 재능임을 알고 지지하며 맘껏 꽃 피울 수 있도록 할 때, 그 개인의 기질적 재능은 세상을 향한 재능으로 이롭게 쓰이게 돼요.

즉 기질검사를 해 보면 상처로 인한 이상심리이기에 치료를 받아야 하는지 아니면, 치료 받아야 할 병이 아니라, 기질적 재능인지를 구분할 수 있어요. P기질이 분노조절장애진단을 받았다면, 그건 기질적 재능이라고 받아들일 수 있어요. 반면 S기질은 우울증 진단을 받았을 때 치료받아야 할 상처와 병이 아니라 기질이해와 지지가 필요한 것이지만, 분노조절장애를 받았다면 그건 기질적 재능이라고 볼 수 없어요. 분명 치료받아야 할 이상심리인 거예요. 이런 구분은 기질진단을 정확히 받았을 때만이 알 수 있어요.

있는 그대로가 굉장한 재능임을, 그 재능을 살려 나다운 방식의 성공과 삶을 이루어나가는 행복한 삶이 모든 사람들 각자에게 다르게 있음을, 우리는 알아야 해요.

다원재능심리학 박사논문으로 썼던 내용 중, 지금의 글과 맥락을 같이 하는 부분이 있어 일부를 아래처럼 옮겨 볼게요.

일반 상담심리학에서는 경험 속 상처와 문제에 집중해 심리치료에 관심을 가지는 경향이 많다. 반면 다원재능심리학은 심리치료를 목적으로 하지 않는다. 평범한 일반인들의 심리치유는 바른 자기이해를 통해 자연스럽게 찾아오는 경우가 많기 때문이다. 다원재능심리학에서는 삶이 불행하고 실패하는 이유에 대해 자기기질에 대한 거절을 첫 번째 원인으로 꼽는다. 즉 타고난 천성기질에 대한 지지를 통해 존재 자체로서 사랑받고 있다는 느낌만 충만해진다면, 자신만의 천성기질재능으로 삶의 문제를 해결해 나가면서 살 수 있다는 것이다. 실제로 이 연구에서 참여자들의 상처는 다루어지지 않았다. 하지만 정확하고 구체적인 자기이해와 자기기질에 대한 지지를 통해, 살아오면서 받은 상처들이 자연스럽게 떠올려지면서 동시에 치유가 되었다. 상처받았다고 여겼던 자신을 품게 되고, 상처 주었다고 여겼던 사람들 또한 수용하게 되는 거룩한 자기치유가 저절로 일어났다.

일부 상담심리학에서는 활동기질과 쉼 기질의 다름으로 인한 내적 갈등, 이중적으로 보여지는 모습, 일관성 없는 혼돈된 모습, 자기비판의 모습, 내적 우울감, 관계의 서툼 등을 문제시 하는 경우가 많다. 그리고 그것의 원인을 삶의 경험에서 찾고자 한다. 그 오판은 잘못된 가이드라인을 하게하며, 본래 천성기질의 모습이 아닌 또 다른 모습으로 변화하고 노력하게 한다. 결국엔 내적갈등을 강화시키게 된다. 천성기질의 특성과 상처 또는 왜곡의 상태를 구분할 수 없게 되면 때로는 재능이 질병으로 진단받기도 한다.

오진을 하고 수술 칼을 든 의사가 위험하듯, 천성기질을 모른 채 심리를 다루는 전문가들도 위험하다 여겨진다. 현상으로 드러나는 심리문제들은 본질적이고 정확한 기질진단을 통해 바르게 이해되고 지지받게 되면, 많은 경우 자연스럽게 치유로 이어진다.

[이주아, 2019, "MT-다원재능의 활동기능과 쉼기능이 자기수용과 타인수용에 미치는 영향에 관한 내러티브 연구": USWA, 133쪽]

05. 생긴 대로 살아도 괜찮아요.

모든 생명체는 생존과 번영을 목표로 자연스럽게 움직여요. 이러한 본능적인 움직임은 그저 본능 이상의 의미를 지니고 있어요. 마치 그것과 같은 것이 바로 '천성기질'입니다. 천성은 우리 각자가 본래부터 지니고 있는 성향으로, 이것은 단순한 성격 이상의 자원이에요. 사람들은 종종 습관이 제2의 천성이라고 말해요. 그리고 좋은 습관을 형성하는 데는 많은 시간과 노력이 필요해요. 습관은 후천적인 반복과 학습을 통해 형성되지만, 천성기질은 태어날 때부터 우리가 지니고 있는 고유한 성향이에요. 왜 굳이 천성기질이란 것을 가지고 태어났을까요? 글자 그대로 이것은 하늘이 준 고유성이에요. 이것이 하늘, 혹은 자연 또는 조물주나 창조주로 부터 비롯되었다고 보든 다르게 보든, 분명 인간으로 살아가면서 잘 활용해야 할 자원이에요. 천성기질은 하늘이 준 선물이에요, 창조주 혹은 자연, 우주 등 우리가 무어라 부르든지 간에, 창조의 가장 근원에서 사람에게 부여한 삶의 나침반으로, 이 천성기질을 통해 우리는 자신의 길을 찾을 수 있어요.

넘어지면 피가 나고 고름이 나고 딱지가 앉는 것은 생명이 살고자 일어나는 작용이에요. 스트레스가 심하면 나도 모르게 한숨을 쉬고 가슴을 두드리거나 소리를 지르게 되는 것도 살고자 일어나는 작용이고요. 비가 오려고 하면 개미들이 떼를 지어 움직여 이동하는 것도 생명은 살고자 하는 방향으로 움직이게 되어 있기 때문이에요. 우리 사람도 자신이 행복하고자 하는 방향으로, 살기 위한 방향으로 자신을 이끌어가게 되어 있어요. 사는 것! 더 나아가 살맛나게 사는 것!을 위해 나도 모르게 자연스럽게 움직이게 되는 방향. 그 컬러가 그러한 마음의 코드가 바로 천성기질입니다. 이렇듯 우리는 본래 자연스럽게 자신의 행복한 방향으로 살아가도록 만들어졌어요. 하지만 사회적 기대, 교육, 그리고 외부의 요구와 간섭들이 우리의 천성기질을 왜곡시키고, 때로는 우리 스스로도 자신이 무엇을 원하는지 혼란스럽게 만들어요. 자신이 언제 행복한지, 무엇을 좋아하는지, 무엇을 잘하는지에 대한 질문들은 어렵지 않은 질문들인데요. 하지만 이런 질문들에 대한 답변이 막막하게 느껴질 때가 있어요. 이는 우리가 천성을 잃어버리고 외부의 기대에 맞추어 살아왔기 때문인 경우가 많아요.

천성기질에 대한 이해는 우리가 자신이 행복을 어떻게 느끼는지를 명확히 알고, 이를 바탕으로 자신에게 맞는 삶의 진로를 설정하는 데 큰 도움을 줘요. 또한 기질을 바탕으로 한 소통은 관계를 더욱 깊고 진실하게 만들어 줍니다. 예를 들어, 자신의 감정을 솔직하게 표현하는 것이 어려운 사람이라면, 자신의 기질을 이해함으로써 보다 자연스럽게 자신의 감정을 표현할 수 있는 방법을 찾게 돼요. 이렇듯 기질을 아는 것은 자신을 더욱 깊이 이해하고, 자신이 진정으로 원하는 것을 추구하는 삶으로 나아가는 첫 걸음이에요. 어떤 사람은 타인과의 관계에서 깊은 소통을 통해 행복을 느끼고, 또 다른 사람은 창의적인 활동에서 삶의 의미를 발견해요. 이러한 성향들은 모두 기질에서 비롯된 것이에요. 우리의 기질을 이해하고 수용하는 것은 삶의 여러 가지 문제를 해결할 수 있는 중요한 열쇠예요.

그런데 우리는 무의식적으로 나오는 기질적인 모습을 변화라는 이름으로, 성장이라는 이름으로, 성숙함이라는 이름으로 자꾸 바꾸고 고치려고 애쓰고 살아요. 거기서부터 우리 행복의 첫 단추가 잘못 끼워져 있음을 느낍니다. 천성기질을 억누르지 않고, 그 모습을 있는 그대로 받아들이는 것이야말로 진정한 변화와 성장을 이끌어내요. 우리는 한평생 사회적 기대나 부모의 기대와 외부의 요구에 부응하며 살아온 사람들보다 자신의 진정한 성향을 발견하고 따르면서 행복을 느끼는 사람들을 많이 보고 있어요. 우린 우리안의 자연스러움을 다시 찾아 그 모습 그대로의 나를, 상대를 서로 사랑해 주어야 해요. 우린 행복할 수 있는 모든 걸 이미 다 가지고 이 지구별에 왔어요.

예전에 한 때, 맹장은 크게 필요 없는 기관이라며, 다른 수술을 할 때 서비스로 떼어 주는 시기가 있었다는 충격적인 이야기를 들은 적이 있어요. 하지만 이제는 맹장이 매우 중요한 기관이기에 그냥 있는 것이 아니고, 우리 몸의 그 어떤 조직과 기관도 이유 없이 주어진 게 아님을 알게 되었지요. 마음 역시 마찬가지입니다. 우리의 기질 또한 넘어서고 초월해야 할 숙제 같은 것이 아닙니다. 그리고 그 기질을 이해하고 품지 않는 한, 절대 그 기질을 넘어설 수가 없습니다. 마치 바람으로 옷을 벗기려 하니 안 되고, 햇살을 한결같이 비추니 자연스럽게 옷을 벗게 되더라는 이야기처럼 말이지요. 이 '해와 바람의 이야기'처럼, 억지로 천성을 바꾸려 하는 시도는 실패하기 마련이에요. 천성기질은 억지로 벗겨내려 할 것이 아니라, 햇살처럼 따뜻하게 비추어 자연스럽게 피어나게 해야 하는 거예요.

모든 생명체가 그러하듯이, 우리 또한 태어나면서부터 행복할 수 있는 모든 자원을 이미 지니고 있어요. 우리는 기질을 통해, 진정한 자신을 발견하고, 그것을 통해 삶의 행복과 성취를 이룰 수 있어요. '아직도 난 이 모양이구나' '난 천성적으로 게을러' '넌 왜 그 모양이야' 자연스럽게 나오는 나의 모습. 너의 모습에 손가락질 하며 살아가고 있지는 않나요? 타고난 모든 것은 이유가 있으며, 우리가 그것을 품고 사랑할 때,

진정한 변화와 성장이 시작돼요. 생긴 대로 살아도 괜찮아요. 자연스럽게 나오는 그 모습 그대로 보여도 괜찮아요. 그게 괜찮게 여겨진다면, 놀라운 변화를 경험하게 됩니다. 비로소 자신에게 맞는 진정한 자유와 행복을 경험하게 돼요. 타고난 모든 것들에는 깊은 의미와 가치가 숨어 있어요. 그 속에 담긴 지혜와 자원을 발견하고, 이를 삶의 방향으로 삼아 나갈 때, 우리는 더욱 충만한 삶을 살 수 있어요. 기질을 알고 품고 사랑하는 것에서부터 우리가 이 지구별에 온 이유를 발견할 수 있어요. 진정한 삶의 여정을 시작할 수 있게 돼요. 그래서 저는 응애~ 하고 태어나자마자 바로 알아야 할 것이 바로 자신의 기질이라고 생각해요. 인간으로 태어나서 가장 빨리 알아야 할 자원이 바로 기질이랍니다.

06. 우리는 엇갈린 사랑을 해요.

아래에 묘사해드리는 강의장 모습을 한 번 떠올려 보세요. 여기는 부모교육이 진행되는 강의장. 양희은과 악동뮤지션의 [엄마가 딸에게]라는 음악이 영상과 함께 울려 퍼집니다.

> 난 잠시 눈을 붙인 줄만 알았는데 벌써 늙어 있었고
> 넌 항상 어린 아이일 줄만 알았는데 벌써 어른이 다 되었고
> 난 삶에 대해 아직도 잘 모르기에 너에게 해줄 말이 없지만

네가 좀 더 행복해지기를 원하는 마음에 내 가슴 속을 뒤져
할 말을 찾지

공부해라… 아냐 그건 너무 교과서야
성실해라… 나도 그러지 못했잖아
사랑해라… 아냐 그건 너무 어려워

너의 삶을 살아라

난 한참 세상 살았는 줄만 알았는데 아직 열다섯이고
난 항상 예쁜 딸로 머물고 싶었지만 이미 미운 털이 박혔고
난 삶에 대해 아직도 잘 모르기에 알고픈 일들 정말 많지만
엄만 또 늘 같은 말만 되풀이하며 내 마음의 문을 더 굳게 닫지

공부해라… 그게 중요한 건 나도 알라
성실해라… 나도 애쓰고 있잖아요
사랑해라… 더는 상처받고 싶지 않아
나의 삶을 살게 해 줘

눈물을 꾹 참고 계시던 어머님들의 눈시울이 어느 순간 붉어집니다.
많은 생각이 듭니다. 나의 엄마도 떠올려지고, 또 나의 아이들도 떠

올려집니다.

그 마음들이 느껴져 눈물이 흐르곤 합니다. 한 분 한 분 여기저기서 몇몇 분이 눈물을 훔치기 시작합니다. 새빨개진 눈으로 여전히 시선은 화면을 향해 있는 어머님들의 몸이 여리게 흔들거림을 느낍니다.

가족 코칭 시, 이렇게 질문하곤 합니다.

"가족들에게 일부러 상처 준 사람?" 아무도 손을 들지 않습니다.
"상처 받은 사람은요?"
엄마. 아빠. 아들. 딸 모두가 손을 듭니다.
준 사람은 아무도 없는데, 받은 사람은 많네요. 상처.

반면, "가족들에게 사랑 준 사람?"하면 모두가 손을 듭니다.
그런데 "사랑받은 느낌이 든 사람"하면 손을 들지 못합니다.
준 사람은 많은데 받은 사람은 없네요. 사랑.

머리로는 사랑해서 그러는 거라고 이해는 되는데,
정작 가슴에서는 사랑받았다는 느낌이 들지 않는다 하네요.

그래서 엄마의 사랑이 아이에겐 잔소리로만 들리고, 어느새 더 이상 상처받기 싫으니 그만 말하라며 얼굴을 붉히게 됩니다. 결국 서로의 입을 틀어막게 됩니다. 그 누구도 서로 상처주려는 의도가 없는데도 말이죠.

어떤 부모가 '어떻게 하면 우리 아이 마음에 생채기를 낼까'라고 고민할까요?
어떤 자식이 '어떻게 하면 우리 부모님 가슴에 대못을 박을까'라고 고민할까요?

그 누구도 그런 의도가 없는데, 돌아보면 작정하고 의도적으로 상처를 준적 없는데, 상처를 받았다고 하는 사람만 많네요. **우린 이렇게 엇갈린 사랑을 합니다.**

부모는 자녀를 위해 최선을 다한다고 생각하지만, 자녀는 부모의 방식이 부담스럽거나 때로는 상처로 느껴질 수 있어요. 반대로 자녀도 부모에게 사랑을 표현할 때, 부모가 원하는 방식으로 표현하지 못해 오해를 살 수 있고요. 이것이 바로 가족 내에서의 사랑과 상처의 아이러니예요. 왜 이렇게 엇갈리는 걸까요? 그 이유는 바로 자신의 기질을 모르고, 가족들의 기질을 모르기 때문이에요. 가족 구성원 모두가 최선을 다해 사랑할수록, 서로의 상처가 깊어지는 안타까운 상황이 펼쳐지게 되는 거예요. 가족 간에 서로의 기질을 이해하는 것은 서로가 사랑을 충분히 받았다고 느끼게 만드는 첫 단추예요.

사랑의 본질은 주는 것과 받는 것이에요. 하지만 사랑을 주는 방식과 받는 방식은 사람마다 달라요. 그런데 이것은 주로 각자의 기질에서 비롯돼요. 예를 들어, 자녀에게 사랑을 표현할 때, 끊임없이 활발한 활동을 함께 하기를 원하는 부모님이 있을 수 있어요. 반면 조용히 혼자만의 시간을 가지며 부모의 사랑을 느끼고 싶어 하는 자녀가 있을 수 있고요. 이때 부모는 자녀와의 끊임없는 교류를 통해 사랑을 준다고 생각하지만, 자녀는 그것을 오히려 과도한 관심과 간섭으로 받아들일 수 있습니다. 반대로, 개인의 시간과 공간을 매우 중요한 가치로 여기는 부모가 자녀에게 사랑을 표현할 때, 자신이 그것이 중요하기에 자녀에게도 충분한 개인 시간과 공간을 주는 방식으로 사랑을 표현할 수 있어요. 하지만, 자녀의 기질이 다르다면 자녀는 이로 인해 부모가 자신에게 무관심하다고 느낄 수도 있어요. 사랑을 주는 방식과 받는 방식이 다를 때, 우리는 서로가 최선을 다해 사랑하고 있음에도 불구하고 엇갈린 감정을 느끼게 됩니다. 이는 각자의 기질과 성향에서 비롯된 사랑의 언어 차이 때문이에요. 기질은 우리의 생각과 감정을 형성하고, 세상을 바라보는 방식을 결정짓는 중요한 요소예요. 따라서, 가족 간의 기질을 이해하는 것은 각자의 사랑의 언어를 이해하고 존중하는 첫 걸음이에요.

기질을 이해하고 존중하는 과정은 가족 관계에 긍정적인 변화를 가져와요. 서로의 기질을 이해하게 되면, 우리는 비로소 진정한 의미에서 서로를 사랑하고 지지할 수 있게 돼요. 사랑은 단순히 주는 것이 아니라, 받는 사람이 느낄 수 있어야 그 의미가 완성돼요. 기질을 이해함으로써, 우리는 가족 구성원 각각의 사랑 언어를 존중하고, 그들이 사랑을 충분히 느낄 수 있도록 도울 수 있어요.

07. 자녀들의 지랄 총량의 법칙

"될 성 부른 나무 떡잎부터 알아본다"는 말이 있어요. 하지만 모든 나무의 떡잎은 될 수밖에 없는 인자와 가능성을 품고 있어요. 즉 모든 자녀는 될 수밖에 없는 '될 성 부른 떡잎'이에요. 될 놈 안 될 놈이 정해져 있지 않고, 또 그것이 어린 시절의 모습으로 추측할 수 있는 것도 아니랍니다. 인터넷에서 돌아다니는 한국에서 태어났으면 망할 뻔한 인물들이라는 내용의 글이 있어요. 보면 요즘말로 웃퍼요… 웃긴데 슬퍼요.

이를테면 파브르는 "세상에 이런 일이 151화 곤충 아저씨"편에 출연하는 정도로 머물렀을 것이며, 슈바이처는 종합병원 외과 과장 정도나 되었을 것이라는 건데요. 어려서부터 많은 잣대로, 상식과 일반적 모습에서 벗어나면 그것을 문제시 하는 한국 문화를 꼬집는 이야기 인 것이죠. 그리고 개인의 개별성과 고유성. 모두가 가진 자신만의 가능성을 꽃피우기에 어려운 한국의 교육현실을 비판하는 메시지이기도 하고요. 결국 중요한 것은 자녀마다의 고유한 색깔. 누구나 가지고 나온 자녀만의 될 성 부른 방향 즉 기질을 아는 것이 중요해요.

지랄 총량의 법칙

전에 재미있게 봤던 드라마 중에, 최강배달꾼이라는 드라마가 있었어요. 거기에서 부잣집에서 태어나 고생 안하고 자란 등장인물이 가출을 하고 나온 상황에서 한 이야기가 기억나요. 자기가 이제까지는 고분고분 부모님말씀 다 따르고 한 번도 어긴 적이 없었는데 이번이 처음이라고 하면서 "지랄총량의 법칙"이라고 하더니, 결국 이렇게 한다는 식의 대사를 하더라고요. 기억의 한계상, 뉘앙스는 맞는데 정확한 상황과 대사는 아닐 수도 있어요. 다만 그때 '지랄총량의 법칙'이란 말이 참 재미있게 들렸어요.

지랄 총량의 법칙을 아래 인물들을 빗대어 설명해본다면 어떤 생각이 드실까요?

미리 속썩이면 나중에 효도한다?

세계 최고의 발명가, 어린 시절 낙제생이었던 에디슨이야기예요. 많이들 알고 있는 이야기입니다. 세계적인 발명가로서의 업적을 남긴, 에디슨은 지나친 호기심과 자유분방한 성향 탓에 주입식 학교 교육을 따라가기가 힘들었고, 급기야 낙제생이 되었죠. 겨우 3개월 남짓 공교육을 받을 수밖에 없었던 에디슨이었습니다. 하지만, 결혼하기 전 교사였던 엄마의 남다른 교육관과 열정 덕분에, 본인의 재능을 발휘하게 되고 결국 세계적인 발명가가 되어, 지금도 인류는 그의 발명들로 인해 많은 혜택을 누리고 있어요.

세계적인 곤충학자 파브르, 보고 있으면 한숨만 나오는 장남이었던 파브르.

파브르는 넉넉치 않았던 가정사로 인해, 어려서부터 타고난 영민함에도 불구하고 공부보다는 집안일을 도와야 할 때가 많았다고 해요. 처음에 접한 일이 키우는 오리를 물가로 데려가고 돌보는 일이었죠. 그런데 거기에서 반짝이는 돌멩이를 발견하고는 그것들을 가득 담아 집으로 돌아가, 내내 그 돌멩이만 바라보았다고 하는 일화가 있습니다. 그걸 바라본 부모님은 집안을 이끌고 책임져야 할 장남이 벌써부터 저렇게 쓸모없는 일에 관심을 보인다 여겨 걱정스럽게 바라보고 한심하다고 여겼다고 해요. 그 이후에도 곤충연구를 하면서 수시로 이런 류의 오해와 비난을 들어야 했던 파브르였어요. 하지만, 다른 누군가의 연구를 가져다쓰거나 곤충의 해부학적인 연구들이 아니라, 꾸준히 그것들을 돌보고 관찰하면서 차별화된 자기만의 곤충학자로 우뚝 선 파브르는 세계적인 학자가 되었고, 그의 연구들은 인류에 큰 기여를 했어요.

깊고 넓은 분석심리학계 거장, 융, 신경증발작으로 근심걱정을 불러오던 융.

융의 부모님은 융이 신경증적 발작을 수시로 일으켜, 걱정과 슬픔이 이만저만이 아니었다고 하죠. 본인이 원치 않는 상황에 마주하면 기절하거나 졸도. 간질 등의 증상을 보인 것이에요. 물론 내적대화를 하며 신경증이 되고, 때로는 의도적으로 그런 행위를 하다 보니 나중에 그것이 고착화되기도 하는 등 더 많은 배경과 스토리가 있습니다. 어느 날 아버지가 융의 미래를 심각하게 걱정하며 나누는 대화를 듣고, 스스로 신경성 실신을 극복하려고 노력하며, 결국 직접 경험하며 탐구한 내적 공부를 통해, 세계적인 심리학자가 되어 이름을 날리게 되었어요.

이런 유명인들의 일화 말고도, 우리는 주변에서 그런 경우를 많이 봐요. 어려서는 속만 썩이던 애가 어느 날 효도를 하거나 개과천선하는 경우 말이에요. 그래서 굽은 나무가 선산을 지킨다는 말이 있기도 하고요.

자식들 지랄의 총량은 같을까요?

과연 무엇이 지랄이고, 무엇이 속썩이는 것이고 무엇이 효도일까?라는 것부터 각자의 정의가 필요할 거예요. 일반적으로 지랄 혹은 속썩인다는 것은 객관적으로 봤을 때 사고를 많이 치고, 근심꺼리를 많이 안겨 주는 것을 의미할 수 있어요. 하지만, 부모의 주관적인 입장에서 봤을 때, 다른 사람이 보기엔 지랄이 아닌데 지랄처럼 여겨질 수도 있는 부분일 거예요. 무엇이 효인가? 객관적으로 보았을 때 입신양명. 부모봉양. 등의 것일 수도 있고요. 부모의 주관적 잣대로, 남이 봤을 땐 효도가 아닌데도, 효도 받고 있다고 여길 수도 있는 것일 거예요.

결국 여기에서 중요한 것은 무엇일까요?? 사람은 자기 살고 싶은 대로 못 살면, 언제든 욕구불만을 표출할 수밖에 없어요. 왜냐면 우리는 단 하루를 숨 쉬어도 그 방향으로 숨쉬고 활동할 때 행복하구나. 이것이 삶이구나라며 느끼게 되는 자신만의 고유성과 행복의 코드가 있기 때문이에요. 그것대로 못 살면 언제든 욕구불만이 될 수밖에 없어요. 이 욕구불만의 표출을 속된말로 '지랄한다'라고도 표현하지요. 실은 그것은 지랄이 아니고, 자신의 내면의 욕구를 인정하고 꽃피우고자 하는 자연스런 내적 이끌림이에요.

자녀의 모습이 지랄로 보이지 않으려면, 부모가 먼저 행복해야 해요.

같은 자녀의 모습을 보고도, 그것이 지랄로 여겨지기도 하고 아닐 수도 있어요. 자녀의 모습 중 일부가 불편하게 느껴질 때, 우리는 자신에게 질문할 수 있어야 해요. '저 모습이 왜 내겐 이렇게 버겁고 지랄로 여겨질까?'라고요. 결국에는 부모가 자신의 고유성인 기질을 알고 그것대로 살 때 삶이 얼마나 살맛이 나는지를 알아야 해요. 그 모습을 있는 그대로 지지받을 때 내 존재가 받아들여지는 느낌이 어떤 것인지 경험해 봐야 해요. 그 방향으로 살면서 행복을 누려봐야 해요. 그래야 자기답게 행복하게 사는 것이 중요한 걸 알게 되고, 자녀의 기질이 자녀가 행복할 수 있는 최선의 방향임을 알고 지지하게 돼요. 자녀를 자신의 방향으로 이끌어가려고 애쓰면서, 자식이 지랄하면서 나를 안 따른다고 속상해가며 맘고생 하지 않을 수 있는 것이죠. 이때 더욱 놀라운 것은 자녀의 기질을 알고 이해하고 그 방향으로 지지해 주었더니, 자녀의 지랄이 준다는 것이에요. 자녀가 자신의 결대로 사랑받은 느낌. 행복한 느낌으로 살아가게 되면서 욕구가 충족되니까요. 더 나아가, 자녀 또한 기질대로 사는 행복감의 중요성을 알고 부모님도 부모님답게 행복한 것이 필요함을 알게 되어 부모의 행복코드인 기질을 지지하기 시작하는 선순환이 정서적으로 일어나요.

4장

기질과 사랑 느낌

01. 세 살 사랑이 여든을 가요.

세 살 버릇 여든 간다가 아니고 세 살 사랑이 여든 갑니다.

"세 살 버릇 여든간다"는 말이 있어요. 어릴 때 몸에 밴 버릇은 나이가 들어도 쉽게 고칠 수 없기에, 어려서부터 나쁜 습관이 들지 않도록 잘 가르쳐야 한다는 뜻이에요. 그런데 여기에서 버릇이라는 것은 오랫동안 자꾸 반복하여 몸에 익어 버린 행동 또는 자기도 모르게 습관적으로 하는 행동을 말해요. 그런데요. 고쳐야 할 버릇이라는 판단은 누가 하는 걸까요? 그것이 잘못 교육되어져서 몸에 익은 것인지 아니면 자기도 모르게 나오는 천성기질인지 어떻게 구분할 수 있을까요? 더 나아가 그것이 누구에게 불편하기에 고쳐야 하는 걸까요?

세 살 버릇 여든 간다는 이유로 어려서부터 이런 저런 훈육을 해요.

어린 시기의 버릇이 평생을 좌우하기에 세 살에 버릇을 잘 들여놓아야 한다고 말하면서요. 그런데 말이죠. 사람은 각자마다 타고난 기질이 있어요. 그것은 무의식적으로 나오는 그 사람의 말과 행동, 선호 등의 고유성인데요. 그걸 자꾸 뜯어고치려고 하고 문제있다고 바꾸라고 요구한다면 어떻게 될까요? 자신도 모르게 의도가 없이 나오는 자연스러운 것이기에 그 자체가 잘못되었다고 비난받으면 억울해지기 마련이죠. 난 나쁜 의도가 있는 게 아닌데 곡해당하면 소위 말해서, '미치고 팔딱 뛸만큼' 답답할 수도 있어요. 원래 그러한 나인데 그게 이상하다고 고치라고 이야기를 반복해서 들으면, 내 존재자체가 거부당한 느낌을 받을 수밖에 없어요. 그렇기 때문에 결국 반복된 요구를 듣다 보면 강요가 되어 버려 CTD(컴플렉스. 트라우마. 장애)를 만들게 되는 거예요.

더 나아가 그 무의식적으로 나오는 행동이 모두에게 불편함을 주는게 아니거든요. 특정 누군가는 그게 불편할 수도 있고 누군가에게는 그렇지 않을 수 도 있어요. 통상 양육자나 어른들이 자신의 내적 잣대에서 올라오는 불편감 때문에 결국 자신이 불편하기 때문에 양육과 훈육이라는 이유로 뜯어고치려고 하는 경우가 대부분이에요. 이것은 인간은 백지로 태어나기에 어떤 식의 교육을 하느냐에 따라서 쉽게 바뀔 수 있다고 착각하는 경우에 일어나는 현상이기도 해요. 하지만 인간은 백지로 태어나지 않아요. 태어나면서부터 가져오는 그 사람의 고유성. 기질은 쉽게 바뀌지 않아요. 바꾸는 게 쉽지 않아요. 더 나아가서 바꿀 필요가 없어요. 그 사람에게는 그것이 행복하다는 생각이 들게 하는 행복한 삶의 방향성이자 기호이자 자신에 대한 정체성이자 삶의 의미 욕구이기 때문이에요.

'세 살 사랑이 여든 간다'로 바꾸어 보면 어떨까요? 기질에 대한 공부를 하며 다원재능심리학 박사과정을 할 때, 이 메시지를 듣고 참 본질적이고 아름다운 말이구나 싶었어요. '세 살 버릇 여든 간다'는 생각으로 무의식적으로 나오는 행동을 자꾸 뜯어고치려 하면서 서로 불쾌감만 커지고, 존재를 부정당한 느낌을 주기 십상인 우리들인데요. 우리 모두는 각자마다의 고유성, 기질의 씨앗을 가지고 태어난다는 것을 전제로, 무의식적으로 나오는 행동에서 그 사람의 재능, 행복의 방향성, 정체성과 의미욕구를 읽어내고 그것을 지지해 준다면, 우리들은 존재 그 자체로 사랑받는다는 느낌을 가지게 돼요. 제가 12년간 약 천명의 분들을 기질검사 해드리면서, 그 경험 속에서 참 많이 확신하게 되었어요. 기질을 정확하게 진단하고 알게 되면서 많은 분들이 자연스럽게 얻게 되는 대표적인 유익함이 바로 존재로서 사랑받는다는 느낌을 갖게 된 거였어요. 아예 자녀에게 훈육을 하지 말라는 것이 아니에요. 훈육을 하더라도 무의식적으로 나오는 천성, 고유성이 무엇인지 알고 그 기질적 특성에 어울리는 방향으로 훈육을 해야 존재로서 부정당한 느낌을 갖지 않게 된다는 거예요. 무의식적으로 나오는 모습을 오히려 재능이라고 인정해 주고 존중해 주며 지지해 주면 그 경험은 '나는 사랑받고 있다'고 여기게 되어 자존감이 발현되게 됩니다.

02. 머리로 이해되는 사랑, 가슴으로 느껴지는 사랑

잠시 아래 내용을 읽고 답변하며 머물러 볼까요?

나의 친정엄마가 나에게 준 사랑을 적어봅니다.
머리로 이해되는 친정엄마의 사랑의 기억들이요.

그리고 머리가 아니라 내 가슴으로도 그건 정말 사랑받는다는 느낌
이 가득드는 경험이었다고 여겨지는 기억들을 적어봅니다.

머리로 이해되는 사랑과 가슴으로 사랑받았다고 느껴지는 사랑은
다릅니다.
그것은 어떻게 다른가요? 그 다름은 어디에서 온 걸까요?

지금 나의 사랑이, 아이에게도 사랑일까요?
"엄마가 나를 사랑해서 그러시는 거겠구나하고 머리로는 알겠는데,
엄마가 나 자체를 정말 사랑하신다는 느낌이 가슴으로 느껴지지는 않
아요"라고 이야기하는 아이들이 많아요.
머리로 이해되는 사랑과 가슴으로 느껴지는 사랑은 달라요. 의도없

이 나오는 무의식적인 모습을 지지받을 때, 우리는 존재로 사랑받는 느낌을 갖게 돼요.

나의 아이는 지금 어떤 마음일 것 같은지 적어 볼까요.

기질검사와 코칭을 마치고 몇 번을 목놓아 울었던 그녀는 이렇게 이야기합니다.

궁금한 걸 못 참는 나
이것저것 자꾸 참견하고 싶은 나
아는 걸 자꾸 알려 주고 싶어지는 나
사람을 좋아하는 나
산만한 나

그 모든 것들이 자신의 행복의 방향성이자 나의 정체성이자, 재능의 다른 모습인 줄 몰랐습니다.

그런데 나도 모르게 나오는 그 모습들에, 엄마가 힘들어했습니다. 아빠가 못마땅해 했습니다.

궁금해도, 질문이 있어도, 말하고 싶어도, 산만하게 움직이고 싶어도, 참았습니다.

그렇게 여러 행동교정을 받으며 나는 전과 전혀 다른 사람이 되어갔습니다. 나의 호기심이 무뎌지고, 나의 수다스러움이 잦아들 때, 그럴수록 엄마, 아빠는 더 평온해지셨습니다.

나를 더 사랑해 주셨습니다.

그런데 이상하게 내 마음은 그 사랑이 크게 와 닿지 않았습니다. 내 마음은 더 무감각해져 갔습니다.

내가 사랑받고 있다는 느낌이 들지 않고 외로워져만 갔습니다.

난 그렇게 내가 행복을 느끼는 방향성을,
나도 모르게 잘하는 나의 심리재능을,
나에게 의미욕구인 정체성을
잃어가기 시작했습니다.

의도없이 나오는 무의식적인 모습 즉 기질을 지지받지 못하면, 존재 자체로 받아들여졌다는 느낌, 사랑받는 느낌을 가지기 어려워요. 머리로는 '사랑해서 그러시는 것'이라고 이해가 되더라도 가슴에서는 여전히 사랑의 결핍감이 느껴질 수 있어요.

03. 마음의 병의 원인은 하나예요.

2001년 9월 11일, 세상을 충격에 빠뜨린 끔찍한 사건이 있었어요. 이

9.11 테러로 사망한 희생자 몇몇이 남긴 마지막 통화 또는 이메일 등의 내용이 세상에 공개되었었는데요. 테러리스트에 의해 납치된 비행기에 탑승한 승객들의 그 메시지들이 유언이 되어 버린 거죠. 그들이 전한 말의 핵심은 무엇이었을까요? '사랑'이에요. "사랑해"라는 마지막 말은 그들이 전하고 싶은 모든 것을 담고 있었어요. 그 순간에 중요한 것은 오직 사랑이었어요. 이를테면, "엄마, 나 마크야. 우리 납치당했어. 저기 세 명이 있는데, 폭탄을 가졌대. 엄마, 사랑해! 사랑해! 사랑해!" "여보, 사랑해! 뭔가 엄청난 일이 벌어진 것 같아. 근데 난 살 수 없을 것 같애. 여보 사랑해. 애기들 잘 부탁해."

"여보, 사랑해, 우리 딸 애미도 사랑해. 그 애 좀 잘 돌봐줘. 당신이 남은 인생에서 어떤 결정을 하든 꼭 행복해야해. 나는 당신이 어떤 결정을 하든 그 결정을 존중할 거야. 그리고 그 결정이 나를 평안하게 할 거야. 여보 당신을 정말 사랑해!" "엄마! 이 건물이 불에 휩싸였어. 벽으로 막 연기가 들어오고 있어. 도저히 숨을 쉴 수가 없어. 엄마 사랑해. 안녕…"

글을 적으면서도 마음이 뭉클해질 만큼 시리도록 아픈 메시지들입니다. 삶의 끝에서 우리들은 결국 사랑으로 돌아가요. 우리가 누군가를 사랑하고, 사랑받고 싶어 하는 본질적인 욕구를 보여 주는 사례예요. 이처럼 사랑은 인간의 근본적인 감정이자 삶의 가장 중요한 요소예요. 하지만 많은 사람들은 일상 속에서 사랑을 느끼지 못하고, 그로 인해 고통스러워하며, 때로는 마음의 병을 앓게 돼요. 마음의 병은 다양한 형태로 나타날 수 있어요. 불안, 우울, 자존감 문제 등 그 증상은 다르지만, 그 근본적인 원인 중 하나는 사랑의 결핍이에요. 특히, 어린 시절에 무조건적인 사랑을 경험하지 못한 경우, 그 상처는 어른이 된 후에도 깊이 남아 삶에 영향을 미쳐요. 우리가 사랑받고 있다는 생각과 느낌이 없을 때, 마음은 위축되고 상처받기 쉬워요. 그 상처는 곧 마음의 병으로 이어질 수 있어요. 그래서 사랑받았다는 경험이 매우 중요해요. 하지만 현실에서는 가족, 친구, 또는 의미 있는 관계에서조차 그 사랑을 충분히 느끼지 못하는 경우가 많아요. 사랑의 결핍이 마음의 병을 일으킨다면, 치유의 방법은 무엇일까요? 사랑받았다고 느끼는 경험을 만드는 것이 치유의 핵심이에요. 가장 이상적인 방법은 자연이나 신처럼 변하지 않는 것이 나를 조건 없이 사랑한다고 믿는 거예요. 자연은 우리에게 그 어떤 조건도 없이 많은 유익함을 주며 존재할 뿐만 아니라, 그 속에서 우리는 생명력을 느낄 수 있어요. 이는 신이나 혹은 다른 어떤 명칭을 쓰더라도 마치 모든 것의 근원자리에서 우리를 조건 없이 사랑하는 것과 같은 경험을 제공할 수 있어요. 저도 오랜시간 명상과 기질공부를 비롯해 다양한 공부를 하며, 인간 삶과 그 이상의 세계를 지배하는 근원은 사랑임을 경험하고 알게 되었어요. 하지만 현실적으로 모든 사람들이 이러한 믿음을 갖기는 쉽지 않아요. 그리고 이러한 믿음을 갖게 된다 해도 우리들은 가장 가까운 사람들, 즉 가족이나 친구로부터 사랑을 받는다는 느낌을 받는 것이 필요해요. 그럼에도 우리는 많은 경우 가족 간에도 사랑을 주고받는 데 어려움을 겪어요.

왜냐하면 각자가 다른 방식으로 사랑을 표현하기 때문이죠. 한 사람은 물질적인 지원을 통해 사랑을 표현할 수 있고, 다른 사람은 따뜻한 말 한마디가 필요할 수 있어요. 이러한 차이를 이해하고 조율하는 것이 중요해요.

어린 시절 부모에게 사랑을 받지 못했다는 상처를 가진 내담자와 상담을 진행했어요. 내담자는 부모가 자신을 제대로 사랑하지 않았다고 느꼈고, 그로 인해 성인이 된 후에도 대인관계에서 어려움을 겪고 있었어요. 상담을 통해 내담자는 자신의 기질과 부모의 기질이 다르다는 사실을 구체적으로 이해하고 깨달았어요. 자신은 자신의 기질대로 자신이 행복하기 위해서 사랑받는 느낌을 가지기 위해서 무의식적으로 자기중심적으로 살아왔음을 알게 되었어요. 부모님 역시 당신들의 타고난 행복의 방향성과 옳고 그름의 잣대대로 최선을 다해 살아왔음을 알게 되었어요. 부모는 물질적인 지원을 통해 사랑을 표현했지만, 내담자는 감정적인 지지를 더 원했기 때문에 부모의 사랑을 제대로 받아들이지 못했던 부분을 알게 되었어요. 그것을 비롯한 다양한 각도에서 구체적인 경험들과 많은 성찰들과 깨달음들이 올라왔어요. 내담자는 부모의 사랑을 새로운 시각에서 바라보게 되었고, 부모에게 사랑받았다는 경험을 되새기게 되었어요. 이 과정에서 내담자의 자존감은 회복되었고, 마음의 병도 점차 치유되었어요. 부모의 탓이라고 여겼던 마음에서 그것을 그런 관점과 태도로 받아들이게 된 자신의 기질적 프레임을 보게 되었어요. 자신의 기질을 아는 것을 통해 앞으로 자신은 어떤 삶을 살아갈 때 스스로 만족스러울 수 있는지를 알고 나답게 사는 삶과 미래를 설계하는 기쁨을 누리게 되었어요.

이처럼 사람들은 자신의 기준으로 사랑을 주고받는 경우가 많아요. 이러한 상황에서 가족 간의 사랑은 서로 다른 방식으로 표현되고, 그로 인해 오해가 발생할 수 있고요. 사랑을 주는 사람은 자신의 방식으로 사랑을 표현하였지만, 받는 사람은 그 사랑을 느끼지 못할 수 있는 엇갈림이 생기는 거죠. 존재 자체로 사랑받는다는 것은 우리가 어떤 모습이라도, 우리 존재 자체가 소중하다는 것을 인식하는 거예요. 이는 사랑의 본질을 이해하는 데 중요한 요소예요. 사랑은 조건 없이 주어져야 하고, 그러한 사랑을 통해 우리는 자신의 존재 가치를 느낄 수 있기 때문이에요. 그래서 무의식적으로 나오는 자신의 기질적인 모습이 받아들여지고 지지받게 될 때, 우리는 무조건적인 사랑을 받는다고 느낄 수 있어요.

우리는 모두 사랑받을 자격이 있어요. 사랑은 우리의 존재 자체를 가치 있게 만들어 주며, 그 사랑이 있을 때 비로소 마음의 평화를 찾을 수 있어요. 9·11 테러 당시 사람들의 마지막 순간처럼, 우리는 결국 사랑으로 돌아가요. 그리고 그 사랑이 우리의 삶을 치유하는 가장 강력한 힘이 돼요. 각자의 기질을 구체적으로 알고 삶을 통해 이해할 때, 그리고 가족의 그것을 서로 알게 될 때 가족들은 존재로서 사랑받는 느낌을 주고 받을 수 있어요.

〈기질 코칭 사례 03〉

"수많은 교육학 서적에서 어린시절의 무조건적인 사랑경험에 대해 심도있게 언급하는데 오히려 실천이 어려워 부모에게 자책감을 주기 쉽다고 생각했었어요. 그런데 기질검사를 통해 무조건적인 사랑을 실천할 수 있는 아주 유용한 해법을 얻었다는 생각이 듭니다. 기본적으로 각 사람이 가진 기초값이 다르다는 것에는 100% 공감해왔어요. 그런데 그런 차이가 환경적 경험에 의한 것이란 생각이 컸었습니다. 이 워크샵을 통해 후천적 성격 이전의 타고난 천성기질을 아는 것이 삶에서 얼마나 중요한지를 알게 되어 깊이 더 공부해 보고 싶습니다. 새로운 관점에 대한 전문적이고 깊은 정보 그리고 진실된 교류에 감사합니다." (대안학교 부원장님)

"교육경영을 17년 해왔어요. 정말 오랜시간 자존감 연구를 해왔어요. 상담심리박사까지 했는데요. 심리학 베이스에 한계를 경험했고, 제 기질을 검사해 보니 이게 너무 맞고 제가 너무 좋고 행복해요. 심리학이 가진 한계를 보완해 주는 걸 확인했어요. 자존감의 뿌리는 존재감인데, 그 존재감이 디테일하게 나오는 게 대단하네요. 이것이 많이 전파되면 교육환경이 많이 달라질 것 같아요" (상담심리학 박사. 코칭

기관 대표)

04. 기질을 모르고 하는 양육은 엄마와 아이 모두를 괴롭게 해요.

모든 아이들은 각기 다른 성향과 기질을 가지고 태어나요. 물론 성인이 된 우리역시 그러했고요. 한 아이는 사교적이고 사람들과의 교류를 통해 에너지를 얻는 반면, 다른 아이는 혼자만의 시간을 통해 집중력과 창의성을 발휘할 수 있어요. 부모로서 우리가 해야 할 일은 아이의 기질을 이해하고, 그것을 지지해 주는 것이에요. 기질을 존중하는 양육을 하게 되면, 우리는 더 이상 아이를 바꾸려고 애쓰지 않게 돼요. 대신, 아이가 가진 그대로의 모습을 받아들이고, 그 안에서 아이가 성장할 수 있도록 도와요. 물론 그러기 위해서는 엄마가 자신의 기질을 먼저 이해하고, 기질이란 것이 지지받고 활용해야 할 삶의 선물이자 재능임을 먼저 경험적으로 알아야 해요. 이것은 아이의 자존감과 자기 이해를 높이는 데 도움이 돼요. 그리고 부모와 아이 간의 관계를 더욱 깊고 의미 있게 만들어 줘요.

기질을 존중하는 것은 양육의 한 방법이 아니라, 아이의 삶 전체에 긍정적인 영향을 미치는 중요한 요소예요. 아이가 자신의 기질과 재능을 이해하고 받아들이게 되면, 자신을 사랑하고 자신의 삶을 주체적으로 살아갈 수 있는 힘을 얻게 돼요. 기질은 우리의 내면 깊숙이 자리 잡고 있고, 그 기질을 이해하고 존중하는 것은 부모가 아이에게 줄 수 있는 가장 큰 선물이에요.

사교적이고 외향적인 성향을 가진 아이가 있다고 가정해 볼게요. 이 아이는 사람들과의 상호작용을 통해 에너지를 얻고, 사회적 활동을 통해 배우는 것을 좋아해요. 그런데 이 아이에게 지나치게 독립적인 학습만을 강조하거나 혼자서 하는 활동을 강요한다면, 아이는 점점 흥미를 잃고 자신의 성향을 부정적으로 인식하게 될 수 있어요. 이 아이의 부모는 아이가 사람들과의 관계 속에서 배우고 성장할 수 있도록 다양한 활동을 제공해야 해요. 예를 들어, 스포츠 팀 활동, 그룹 프로젝트, 또는 친구들과의 놀이 시간을 늘려 주는 것이 좋아요. 이러한 경험을 통해 아이는 자신의 사회적 기술을 발전시키고, 협력과 소통의 중요성을 자연스럽게 배울 수 있어요.

반면, 내성적이고 혼자 있는 것을 선호하는 아이는 혼자만의 시간을 통해 집중력과 창의성을 발휘하는 경우가 많아요. 이 아이는 책을 읽거나 그림을 그리며 조용히 시간을 보내는 것을 좋아할 수 있어요. 만약 부모가 이 아이에게 과도한 사회적 활동을 강요하거나, 사교적인 아이들을 대하듯 동일한 방식으로 접근한다면, 아이는 불안감을 느끼고 스트레스를 받을 수 있어요. 이 경우, 부모는 아이에게 개인적인 공간과 시간을 제공하고 아이가 좋아하는 활동을 존중해 주어야 해요. 예를 들어, 그림 그리기, 글쓰기, 퍼즐 맞추기 등 아이가 혼자서 집중할 수 있는 활동을 격려하고 지원해 주는 거예요. 또한, 이러한 활동이 아이의 학습과 성장을 돕는 중요한 요소임을 알고, 아이가 자신의 속도와 방식대로 성장할 수 있도록 기다려 주는 태도가 필요해요.

또한 창의적이고 독창적인 성향을 가진 아이는 전통적인 학습 방법보다는 자신만의 방식으로 문제를 해결하고, 새로운 아이디어를 제시하는 데 즐거움을 느껴요. 이 아이는 종종 상상력이 풍부하고 새로운 것에 도전하는 것을 두려워하지 않아요. 그런데 학교나 가정에서 창의적인 시도보다 규칙과 일관성을 강조할 경우, 아이는 자신의 독창성을 억제하게 될 수 있어요. 부모는 이러한 아이의 창의성을 존중하고, 자유롭게 표현할 수 있는 환경을 제공해야 해요. 예를 들어, 다양한 미술 재료를 제공하거나, 문제 해결을 위해 여러 가지 접근 방식을 시도해 볼 수 있도록 격려하는 거예요. 또한, 아이가 실패를 두려워하지 않고 새로운 것을 시도할 수 있도록 지지하고, 그 과정을 통해 배울 수 있도록 도와주는 것도 중요해요.

기질을 존중하는 양육을 실천하는 순간, 아이와 부모 모두에게 새로운 세상이 열려요. 아이는 자신의 존재를 인정받고 존중받는다는 느낌을 받게 되고요. 부모는 더 이상 불안과 혼란에 휘둘리지 않고 아이와의 관계에서 진정한 만족감을 느낄 수 있어요. 아이의 기질을 존중하는 것은 단순히 아이를 잘 키우기 위한 방법이 아니라, 아이의 인생 전반에 걸쳐 긍정적인 변화를 일으킬 수 있는 중요한 요소예요. 특히나 집에서 아이의 기질에 맞는 지지와 후원을 통해 존재로서의 사랑을 받은 아이는, 학교 같은 사회생활에서 자신의 기질을 건강하게 쓸 수 있게 돼요. 자기의 기질만을 고집하지 않게 돼요. 더 나아가 아이의 기질에 맞는 양육을 통해 우리는 아이의 잠재력을 최대한 발휘하게 도울 수 있어요. 그리고 아이가 평생 동안 자신의 삶을 주체적으로 살아가는 데 큰 힘이 돼요. 부모의 역할은 그 길을 밝혀 주는 조명 같은 존재가 되는 것이에요. 아이의 기질에 맞는 길을 걸어갈 수 있도록 지지하고 응원하는 것이야말로, 진정한 사랑이자 부모로서 할 수 있는 최고의 역할이에요.

05. 사춘기라는 것은 없어요.

저의 사춘기도 꽤나 요란했어요. 저는 다른 아이들처럼 학교 끝나고 학원을 다니고 싶은데 학원가는 대신 엄마.아빠의 시골 일을 도와드려야 하는 것에 대한 불만이 컸어요. 왜 나는 이런 집에서 태어난 걸까라는 질문과 함께 환경을 원망했어요. 그 어린 나이에 스트레스로 하혈까지 할 정도로 몸에서 민감한 반응이 일어나기도 했어요. 사춘기라서 호르몬의 작용으로 인해 더 민감해지고 반항심도 커진 탓이었을까요?

그 뒤로 이런저런 공부를 하며 저를 돌아보니, 사춘기 저의 내면에서 일어났던 반항심은 실은 환경 때문이 아닌, 나라는 존재로서 관심과 사랑받는 느낌의 결핍 때문이었더라고요. 그리고 제 기질의 특성상 넉넉하지 않은 가정환경이 특히나 더 못마땅하게 여겨질 수밖에 없었고요. 생계로 바빠서 충분히 관심을 기울여 주기 어려우셨던 부모님. 지금은 부모님들을 충분히 이해하는데요. 그 때는 그 결핍이 있었어요. 그리고 무엇보다 저는 부끄러움이 많은 아이였었는데요. 부모님과 함께 가다 낯선 어른들을 만나면 몸을 베베 꼬며 인사도 제대로 못하곤 했었어요. 그런 저를 '쑥맥같이 그렇게 부끄러움이 많냐'는 염려담긴 말씀을 부모님께 자주 들었었죠. 그 말이 두고두고 제 마음에 걸리더라고요. '난 참 부족한 아이구나'라는 생각이 들고요. 그런 제 모습은 어떤 이유가 없는 저도 모르게 나오는 저의 기질이었어요. 나중에 알고 보니, 의도없이 나오는 나의 기질적인 모습에 대해 눈총 받거나 그 모습에 대해 비난의 말을 들을 때, 내 존재가 받아들여지지 않는다는 느낌을 크게 받게 되더라고요. 있는 그대로의 내가 받아들여지는 느낌, 사랑받는 느낌이 그리웠었구나 그 결핍이 결국 모든 것을 만들어냈구나 라는 걸 기질 공부 후에 알게 됐어요. 그렇다고 그것으로 인해 부모님을 원망하는 것이 아니랍니다. 당신들도 당신들의 기질 그대로 받아들여지는 경험이 없으셨고, 자신의 행복의 방향성인 기질이 무엇인지도 모르셨던 분들이었기에, 당신들의 기준대로 최선의 사랑을 주신 걸 알아요.

아이의 사춘기가 다가와 두렵다는 엄마들이 많습니다. 우리는 보통 사춘기의 보편적인 특징을 이유 없는 반항심과 짜증이 많아지는 것으로 이야기하는데요. 그래서 아이의 투정이 사춘기 때문이니 어쩔 수 없다고, 빨리 사춘기가 지나가기만을 바란다고 하는 엄마들이 대부분이에요. 하지만 육체적인 사춘기는 있지만, 심리적인 사춘기는 없어요. 물론 신체적인 증상과 함께 호르몬의 변화로 정서에도 영향이 가기도 해요. 하지만, 사춘기라서 화가 많고 짜증이 많고 불편한 마음이 자꾸 들고 우울한 것이 아니에요. 내 안에 행복 호르몬이 충분하지 않아서 그래요.

사춘기는 정체성을 확립하는 시기이다 보니, 자신의 욕구불만이 유난히 더 크게 느껴지는 시기예요. 그래서 내면이 충만하지 않으면 그걸 밖으로 표출하게 되는 거예요. 결국 나의 살맛나는 코드인 기질의 방향대로 못 살아서 그래요. 그리고 자신의 있는 모습 그대로 나의 가족들에게 존재로서 충분히 사랑받지 못해서 그래요. 실제로, 자신의 고유한 행복의 코드이자 재능의 씨앗인 천성기질을 알고, 그 방향으로 살맛나게 사는 사람들, 가족 간에 서로의 천성기질을 알고, 존재 그대로 지지하고 사랑 받았다는 느낌을 가슴으로 주고받는 사람들은, 요란한 사춘기를 보내지 않아요. 그래서 무의식적으로 나오는 각자마다의 행복의 방향성인 기질을 가족 간에 알고, 그걸 지지해 주는 것이 정말 중요해요. 사춘기는 시기적인 이슈가 아니라, 내면에 꼬여 있는 심리가 해결되지 않은 탓이에요. 살맛나게 살고 싶다고, 행복하고 싶다고 외치는 내 안의 천성기질을 외면한 결과인 셈이에요. 그리고 가족끼리 자신도 모르게 자신의 기준대로 서로를 고치려고 하다 보니, 각자의 기질에서 나온 모습들을 눈총주게 되면서 서로 간에 존재 그 자체로 사랑받았다는 느낌을 충분히 주고받고 있지 못하기 때문에 그래요.

아이와 함께 읽는 기질이야기

01. 성격과 기질 그리고 나답게 살아가기

5장은 아이도 기질을 이해할 수 있도록 동화식으로 적은 글들이에요. 아이가 기질의 의미를 알 수 있게 함께 읽기를 권해드려요.

어느 마을에 세 명의 아이들이 있었어요. 이 아이들은 서로 다른 기질을 가지고 태어났어요. 첫 번째 아이, 민호는 늘 활발하고 사람들과 어울리기를 좋아했어요. 친구들과 어울려 노는 것을 좋아했어요. 민호의 기질은 활동적이고 에너지가 넘쳤어요. 두 번째 아이, 수진이는 조용하고 내성적이었어요. 수진이는 혼자 책을 읽거나 그림을 그리는 것을 좋아했고, 자신만의 세계에서 평온을 찾았어요. 수진이의 기질은 정적이고 사색적이었어요. 세 번째 아이, 지수는 창의적이고 호기심이 많았어요. 지수는 늘 세상의 모든 것에 질문을 던졌어요. 기존의 틀을 벗어나 색다른 방식으로 생각하는 것을 좋아했어요. 이 아이들은 서로 다른 기질을 가지고 있었지만, 모두 행복하게 지내고 있었어요. 그런데 시간이 지나면서 부모님과 선생님, 그리고 친구들로부터 다양한 요구를 받기 시작했어요.

민호의 부모님은 그가 조금 더 조용해지길 바랐어요. 너무 활동적이고 산만하다고 느꼈기 때문이에요. 그래서 민호는 부모님의 요구와 기대에 맞추기 위해 조용히 공부하려고 노력했어요. 수진이의 부모님은 그녀가 조금 더 활동적으로 변하길 원했어요. 친구들과 더 어울리고, 자신감을 가졌으면 좋겠다고 생각했기 때문이에요. 수진이는 부모님의 기대에 맞추려고 억지로 친구들과 어울리려 했어요. 지수의 선생님은 지수가 조금 더 일반적인 방식으로 생각하길 바랐어요. 창의적인 생각이 좋기는 하지만, 때로는 기존의 틀을 따르는 것이 중요하다고 느꼈기 때문이에요. 지수는 선생님의 기대에 맞추기 위해 창의적인 생각을 억누르려고 했어요. 이처럼 아이들은 자신들의 기질과는 다른 요구에 맞추려 노력하며 그런 성격으로 변형되어 갔어요. 하지만 그러면서 점점 자신들이 행복하지 않다는 것을 느끼기 시작했어요. 민호는 더 이상 에너지가 넘치지 않았고, 수진이는 혼자만의 시간을 잃었으며, 지수는 더 이상 창의적인 생각을 즐기지 못하게 되었어요. 아이들은 점점 자신이 누구인지 혼란스러워졌어요.

그러던 어느 날, 이 아이들은 마을의 지혜로운 노인을 찾아갔어요. 노인은 아이들을 따뜻하게 맞이하며 물었어요. "왜 이렇게 슬픈 표정을 짓고 있니?" 민호가 대답했어요. "저는 원래 친구들과 어울리는 걸 좋아했는데, 부모님이 조용해지라고 하셔서 그게 맞는 줄 알고 노력했어요. 그런데 이상하게도 자꾸 마음이 답답해져요." 수진이도 속마음을 털어놓았어요. "저는 혼자 있는 게 좋았는데, 부모님이 친구들과 더 어울리라고 하셔서 억지로 노력했어요. 그런데 그렇게 하다 보니 더 외로워지는 것 같아요." 지수도 고민을 나눴어요. "저는 새로운 생각을 하고, 창의적으로 무언가를 만드는 게 좋았어요. 하지만 선생님이 기존의 틀을 따르라고 하셔서 제 생각을 자꾸 억누르게 되었어요. 그런데 그럴수록 재미가 없어졌어요." 노인은 아이들의 이야기를 듣고 따뜻한 미소를 지으며 말했어요.

"애들아, 너희는 각자 다른 씨앗을 가지고 태어났단다. 민호, 너는 활발하게 뛰어다니며 사람들과 어울리는 씨앗을 가지고 있어. 수진이, 너는 조용히 사색하며 깊은 생각을 하는 씨앗을 가지고 있고, 지수, 너는 창의적으로 생각하고 새로운 것을 도전하는 씨앗을 가지고 있단다."

아이들은 노인의 말을 듣고 고개를 끄덕였어요. "씨앗이란 타고난 기질이야. 그런데 타고난 씨앗인 기질대로 살지 않고, 다른 사람들의 기대와 요구에 맞추려고 자기를 변화시키면 기질과 다른 성격으로 살게 돼. 그 성격은 다양한 사람들의 기대를 맞추려다보니 자꾸 바뀌기도 한단다. 사람은 그렇게 변하지 않는 타고난 기질과 살면서 바뀌는 성격이 있어. 너네가 타고난 기질대로 살지 않고 기질과 다른 성격으로 살려고 애를 써보니 답답하기도 하고 덜 행복한 느낌이 왔던 것처럼, 그 씨앗을 즉 타고난 기질을 따라갈 때 너희는 더 행복해질 거야. 아무리 환경이 바뀌어도, 그 씨앗은 변하지 않아. 민호, 너는 친구들과 어울려야 행복하고, 수진, 너는 혼자 있는 시간이 필요하며, 지수, 너는 창의적인 생각을 해야만 행복해질 수 있어."

"너의 타고난 씨앗인 기질을 이해하면 너의 행복이 보일 거야. 네가 어떤 삶을 살아야 너답다고 느껴지는지도 알게 되지. 그리고 너와 다른 씨앗을 가진 즉 다른 기질의 사람들과의 관계에서도 그들을 이해하고 자연스럽게 소통할 수 있게 될 거야. 기질은 네 안에 숨겨진 보물 같은 거야. 중요한 건 네 안의 자연스러움을 다시 찾아 그 모습 그대로의 너를 사랑하는 거란다."

아이들은 자신들의 기질에 대해 다시 생각하게 되었어요. 그리고 노인의 말에 따라, 다시 자신들의 기질을 존중하기로 결심했어요. 민호는 다시 활발하게 친구들과 어울리기 시작했어요. 수진은 혼자만의 시간을 가지며 내면의 평온을 찾았어요. 지수는 창의적인 생각을 마음껏 펼치며 즐거움을 느꼈어요. 그들은 더 이상 타인의 기대에 자신을 맞추지 않았어요. 대신, 자신이 타고난 기질을 따라 살아가기 시작했어요. 그렇게 하자, 다시 행복을 느낄 수 있었어요.

이 이야기를 통해 우리는 기질과 성격의 차이를 이해하고, 자신을 더욱 깊이 이해하는 과정이 얼마나 중요한지 알 수 있어요. 기질은 우리에게 주어진 타고난 특성이자, 우리가 세상을 바라보는 방식이에요. 이를 잘 이해하고, 그에 맞게 살아갈 때 우리는 진정한 행복을 느낄 수 있어요. 우리 모두는 각자 다른 씨앗을 가지고 태어났어요. 이 씨앗을 잘 돌보고, 그 씨앗이 자라도록 하는 것이 우리 삶의 중요한 과제에요. 주1회 물을 주어야 하는 씨앗에 주3회 물을 주면 그 씨앗은 썩게 돼요. 그늘에 두어야 하는 씨앗을 햇볕에 두면, 그 씨앗은 말라버리게 돼요. 이처럼 우리는 타인의 기대에 맞추기보다는, 자신의 씨앗 기질을 알고 자신의 기질을 존중하고 그것에 맞게 살아갈 때, 비로소 진정한 자신을 찾아갈 수 있어요. 기질은 우리의 본질이에요. 그것을 구체적으로 이해하고 깨닫고, 나답게 살아가는 것이야말로, 가장 행복한 삶을 만드는 길이에요.

02. 기질이 알려 주는 행복의 신호

옛날, 한 조용한 마을에 세 명의 형제가 살고 있었어요. 이 형제들은 같은 집에서 자랐고, 같은 부모님의 사랑을 받으며 자랐어요. 하지만 이상하게도, 이 형제들은 같은 상황에서도 각기 다른 감정을 느끼고, 다른 방식으로 세상을 바라보았어요. 첫째, 민수는 늘 밝고 씩씩했어요. 밖에서 친구들과 어울리며 축구를 하거나 모험을 즐기는 것을 좋아했어요. 민수는 언제나 행복해 보였고, 주변 사람들도 그가 늘 기운 넘치는 아이라고 여겼어요.

둘째, 민아는 조용하고 생각이 깊은 아이였어요. 책을 읽거나 그림을 그리며 혼자만의 시간을 보내는 것을 좋아했어요. 민아는 다른 사람들과 어울릴 때도 있었지만, 혼자 있는 시간이 더 편하고 행복했어요.

셋째, 민호는 형과 누나와는 조금 달랐어요. 가족들이 웃고 즐거워하는 모습에도 혼자 걱정을 하거나 불안감을 느꼈어요. 민호는 학교에서 친구들과 어울리다가도 쉽게 상처를 받곤 했어요. 같은 부모님 밑에서 자란 형제였지만, 민호는 형제들과는 다른 감정의 무게를 느끼고 있었어요.

어느 날, 민호는 너무 답답하고 슬퍼서 부모님께 말했어요. "엄마, 아빠, 왜 저는 자꾸 슬프고 힘들어요? 민수 형이나 민아 누나는 항상 행복해 보이는데, 저만 왜 이렇게 힘든 걸까요?"

부모님은 민호를 안아 주며 걱정스러운 얼굴로 말했어요. "민호야, 너는 우리 모두가 사랑하는 소중한 아들이야. 왜 그렇게 느끼는지 우리도 궁금하구나. 혹시 우리가 잘못해서 너를 이렇게 만든 걸까?" 민호는 고개를 저으며 말했어요. "그게 아니에요. 그냥 저는 이유 없이 힘들어요. 엄마 아빠 탓도 아니고, 그저 저 자신이 왜 이러는지 모르겠어요." 부모님은 민호를 데리고 마을의 지혜로운 노인을 찾아갔어요. 노인은 민호의 이야기를 듣고는 미소를 지으며 말했어요. "민호야, 네가 슬프고 힘든 것은 네가 나약해서도, 부모님이 잘못해서도 아니란다. 오히려 그것은 너에게 주어진 기질이 네게 말을 걸고 있는 거야." 민호는 의아한 표정으로 물었어요. "기질이요? 그게 뭐예요?"

노인은 부드럽게 설명했어요. "기질이란, 네가 어떻게 살아가면 행복을 느낄 수 있는지 알려 주는 너만의 특별한 방향성이야. 다른 사람들과 같은 환경에서 자랐더라도, 너는 너만의 기질 때문에 다르게 느낄 수 있단다. 그 기질이 너에게 말을 걸고 있는 거야. '나는 이렇게 살아야 행복해', '이럴 때 나는 상처받아'라고 말이지." 민호는 여전히 혼란스러웠어요. "그럼 제가 이렇게 자꾸 슬픈 건, 기질 때문인 건가요?"

노인은 고개를 끄덕이며 말했어요. "맞아, 민호야. 네가 느끼는 슬픔이나 불안은 단순히 나쁜 감정이 아니야. 그것은 네가 어떤 상황에서 상처를 받고, 무엇을 통해 진정한 행복을 찾을 수 있는지 알려 주는 신호야. 이를 통해 네가 진정으로 어떤 사람인지, 무엇이 너를 행복하게 만드는지 깨달을 수 있단다." 민호는 노인의 말을 듣고 생각에 잠겼어요. "그렇다면, 저는 어떻게 해야 이 기질을 잘 이해할 수 있을까요?"

노인은 민호의 손을 따뜻하게 잡고 말했어요. "먼저, 네 자신을 잘 관찰해 보렴. 언제 가장 행복했는지, 언제 가장 슬펐는지 잘 생각해봐. 네가 무엇을 할 때 기분이 좋아지는지, 어떤 상황에서 불안해지는지 알아가는 과정이 필요하단다. 그 과정에서 너는 네 기질을 이해하고, 그에 맞게 살아갈 방법을 찾을 수 있을 거야."

민호는 집으로 돌아와 자신의 감정을 하나하나 들여다보기 시작했어요. 친구들과 어울릴 때는 즐거웠지만, 너무 많은 사람들과 함께 있을 때는 불안해진다는 것을 깨달았어요. 혼자서 조용한 시간을 보낼 때 마음이 편해진다는 것도 알게 되었어요.

"생긴 대로 살아도 괜찮아. 자연스럽게 나오는 그 모습 그대로 보여도 괜찮아. 그게 괜찮게 여겨진다면, 놀라운 변화를 경험할 수 있어." 노인의 말씀이 마음에 깊이 남았어요. 민호는 더 이상 자신의 기질을 억누르지 않고, 그것을 사랑하며 살아가기로 했어요. 이러한 깨달음을 얻고 나자, 민호는 더 이상 자신을 탓하지 않게 되었어요. 그리고 자신이 왜 그렇게 느끼는지 이해하고 자신의 기질을 받아들이고, 나답게 살아가기로 결심했어요.

민호는 부모님께 자신의 생각을 말했어요. "엄마, 아빠, 이제 조금 알겠어요. 제가 이렇게 느끼는 것은 제 기질 때문이었어요. 저는 조용히 혼자 있는 시간이 필요하고, 너무 많은 사람들과 함께 있을 때는 힘들어지곤 했어요. 앞으로는 제 기질을 이해하고, 그에 맞게 살려고 해요."

부모님은 민호의 이야기를 듣고 감동했어요. "민호야, 네가 이렇게 자신을 이해하고 받아들이게 되어서 정말 기뻐. 앞으로도 너의 기질을 존중하고, 네가 행복할 수 있도록 도와줄게." 민호는 이제 더 이상 자신을 비난하지 않았어요. 자신이 어떤 사람인지 이해하게 되었고, 그 기질을 통해 진정한 행복을 찾는 법을 배웠어요.

이 이야기에서 알 수 있듯이, 우리가 상처를 받고 불행감을 느끼는 것은 단순히 환경의 문제나 부모님의 잘못 때문이 아니에요. 그건 기질이 우리에게 보내는 신호예요. 우리가 어떻게 살아가면 진정한 행복을 느낄 수 있는지, 무엇이 우리를 기쁘게 하고, 무엇이 우리를 힘들게 하는지 알려 주는 거예요. 이제 우리는 우리 자신을 탓하기보다는, 우리의 기질을 이해하고, 그에 맞게 살아가는 방법을 찾아야 해요. 그러면 우리는 진정으로 자신을 이해하고, 더 나은 삶을 살아갈 수 있게 돼요.

03. 달리기 경주를 하는 토끼와 거북이 이야기

옛날 어느 마을에 토끼와 거북이가 살고 있었어요. 토끼는 누구보다 빠르게 달릴 수 있는 능력을 가지고 있었고, 그 능력 때문에 마을에서는 항상 인기 많고 자랑스러운 존재였어요. 반면, 거북이는 느리지만 꾸준히 나아가는 성실한 동물이었어요. 하지만 아무리 성실해도, 거북이는 토끼만큼 빠르게 달릴 수는 없었어요.

　어느 날, 토끼는 거북이에게 시합을 제안했어요. "너는 정말 느리게 움직이는데, 한 번 나랑 달리기 시합을 해 볼래? 아마 너는 나를 따라오지도 못할 거야!" 토끼는 거북이를 놀리며 도발했어요. 거북이는 화가 났지만, 자존심이 상해 토끼의 제안을 받아들였어요. "좋아, 한 번 해 보자!" 거북이는 씩씩거리며 대답했어요. 시합이 시작되자, 토끼는 쏜살같이 출발했어요. 마을 사람들은 토끼의 빠른 속도에 감탄했고, 거북이는 천천히 출발했어요. 사람들은 거북이가 토끼를 따라잡지 못할 것이라고 생각했어요. 그러나 토끼는 자신의 속도에 너무 자신이 있었기에, 중간에 잠깐 낮잠을 자기로 결정했어요. "어차피 거북이는 날 따라잡을 수 없으니, 좀 쉬어야겠다!" 토끼는 풀밭에 누워 잠에 빠졌어요. 그 사이, 거북이는 멈추지 않고 꾸준히 앞으로 나아갔어요. 결국 거북이는 토끼가 잠든 사이 결승선에 도착했어요. 토끼가 눈을 떴을 때는 이미 너무 늦었고, 거북이는 승리자가 되었어요.

　이 이야기는 많은 사람들에게 성실함의 중요성을 가르쳐 주는 교훈으로 전해졌어요. 그러나 세월이 지나면서, 사람들은 점점 이 이야기에 대해 다시 생각해 보기 시작했어요. 토끼가 자지 않았다면 거북이가 이길 수 있었을까요? 거북이가 아무리 열심히 달려도 토끼를 이길 수 있을까요? 그리고 거북이가 정말 달리기에서 토끼를 이겨야만 했을까요?

어느 날, 이 마을을 방문한 천재 과학자 아인슈타인은 토끼와 거북이의 이야기를 듣고 깊이 생각했어요. 아인슈타인은 이렇게 말했어요. "모든 사람은 천재예요. 하지만 만약 당신이 물고기를 나무에 오르는 능력으로 평가한다면, 물고기는 평생을 자신이 멍청하다고 믿으며 살 거예요." 아인슈타인의 말은 거북이에게도 해당되었어요.

거북이는 토끼처럼 빠르게 달릴 수 없었어요. 하지만 그것이 거북이를 덜 가치 있는 존재로 만드는 것은 아니었어요. 거북이는 느리지만 성실하게 나아가는 것이 그의 재능이었어요. 물속에서 수영을 한다면, 토끼는 거북이를 따라갈 수 없었을 거예요. 심지어 토끼는 물을 싫어하기에 들어가는 것조차 겁먹을 거예요. 그러나 거북이는 자신이 가진 재능 대신, 토끼와의 비교에서 승리하는 것을 목표로 삼았고, 그것이 그의 진정한 행복을 방해한 거예요. 아인슈타인은 거북이에게 이렇게 말했어요. "거북이야, 너는 토끼와 달리기 시합을 하지 않아도 돼. 너의 고유한 능력을 찾아내고, 그것을 키워나가는 것이 더 중요하단다. 네가 토끼와 다른 것처럼, 토끼도 너와 달라. 너는 너 자신답게 살아가는 것만으로도 충분히 가치가 있어." 그리고 토끼에게 이렇게 이야기했어요. "토끼야, 너에게는 빨리 달릴 수 있는 멋진 재능이 있어. 그 재능의 방향으로 노력까지 더한다면, 넌 너의 속도감으로 더욱 살맛나는 삶을 살고, 그 속도감이 필요한 존재들에게 도움도 줄 수 있을거야. 그걸 너와 세상을 위해 마음껏 쓰렴"

우리는 때로 자신을 다른 사람과 비교하며, 그들이 가진 능력을 부러워해요. 그리고 그들을 따라잡기 위해 자신을 변화시키려 노력하기도 하고요. 그런데 진정한 행복은 다른 사람과의 비교에서 오지 않아요. 우리는 각자 고유한 재능을 가지고 태어났고, 그 재능을 발견하고 키워나가는 것이 진정한 행복의 열쇠예요.

우리 각자가 가진 그 씨앗이 어떤 열매를 맺을지는 우리가 어떻게 그 씨앗을 키워나가느냐에 달려 있어요. 거북이가 토끼를 이기려고 달리기 시합을 한 것은, 어쩌면 자기 자신의 고유한 재능을 잊어버린 것일지도 몰라요. 거북이가 토끼와 비교하지 않고, 그저 자신답게 살아갔다면, 그도 행복하게 자신의 길을 걸어갈 수 있었을 거예요. 우리는 각자 다른 행복의 씨앗과 재능을 가지고 있어요. 그러니 자신을 다른 사람과 비교하지 말고, 그저 자신답게 살아가요. 우리 각각은 이미 충분히 특별한 존재예요.

04. 나의 진짜 모습을 찾아서

옛날 옛적에, 작은 마을에 세 명의 친구가 살고 있었어요. 이 친구들은 마을에서 가장 친한 사이였고, 늘 함께 어울리며 놀곤 했어요. 하지만 각자가 느끼는 감정은 조금씩 달랐어요. 모두 같은 학교에 다니고, 같은 선생님에게 배우며, 비슷한 가정환경에서 자랐지만, 각자 다른 삶을 살아가고 있었어요. 이 세 친구의 이름은 지훈, 민영, 그리고 은수였어요.

지훈이는 밝고 활기찬 성향의 소유자였어요. 항상 새로운 것을 배우고 경험하는 것을 좋아했고, 친구들 사이에서 리더 역할을 자주 맡곤 했어요. 가족의 사랑을 받으며 자랐고, 친구들과도 좋은 관계를 유지하고 있었어요. 하지만, 지훈이에게도 숨겨진 고민이 있었어요. 때때로 자신이 너무 지나치게 활발한 건 아닌지, 주변 사람들에게 너무 많은 기대를 걸고 있는 건 아닌지 고민했어요. 어쩌면 다른 사람들에게 부담을 주고 있지는 않을까 하는 걱정도 있었어요. 그럴 때마다 혼자만의 시간을 가지며, 자신이 왜 이런 생각을 하는지, 왜 가끔씩 불안해지는지 고민하곤 했어요. 지훈이는 스스로에게 이렇게 말했어요. "내가 이렇게 불안한 이유는, 아마 내가 어릴 때 부모님이 나에게 너무 많이 기대했기 때문일 거야. 부모님은 항상 내가 최고가 되기를 바라셨지. 그래서 나도 항상 최선을 다하려고 했고, 그게 나를 이렇게 만들었을 거야."

민영이는 지훈이와는 조금 다른 아이였어요. 차분하고 조용한 성향을 가지고 있었어요. 민영이는 혼자 있는 시간을 좋아했고, 깊이 있는 생각을 즐겼어요. 그림 그리기와 독서를 좋아했고, 그 안에서 자신만의 세상을 만들어 갔어요. 하지만 민영이는 가끔씩 다른 사람들과 어울리는 것이 힘들었어요. 남들과 다르게 느끼고, 다르게 생각한다는 것을 알았기 때문이에요. 다른 아이들이 쉽게 이해하는 것들도 민영이에게는 복잡하고 어려운 문제로 다가오곤 했거든요. 민영이는 혼자 생각에 잠기곤 했어요. "왜 나는 이렇게 어려운 걸까? 왜 남들과 다르게 느끼고 생각할까? 어쩌면 부모님이 나를 너무 조용하게 키우셨기 때문일지도 몰라. 내가 외로웠던 건, 어릴 때 부모님이 나와 충분히 대화하지 않았기 때문일 거야."

은수는 다른 친구들과는 조금 달랐어요. 민영이처럼 차분하고 조용한 성격을 가지고 있었지만, 동시에 지훈이처럼 활발하고 외향적인 면도 있었어요. 은수는 남들과 쉽게 친해질 수 있었고, 다른 사람들의 마음을 잘 이해하는 따뜻한 성격을 가지고 있었어요. 하지만 은수에게도 고민은 있었어요. 다른 사람들의 감정을 너무 잘 이해해서, 가끔은 자신이 그들의 감정을 대신 느끼는 것 같았어요. 은수는 가끔씩 감정이 너무 무겁게 느껴져 혼란스러워졌어요. 은수는 속으로 생각했어요. "어쩌면 내가 이렇게 힘든 이유는, 어릴 때 부모님이 내 감정을 이해해주지 않았기 때문일 거야. 부모님은 항상 나에게 강해지라고 말씀하셨지. 그래서 나도 감정을 억누르려고 했고, 그것이 지금 나를 이렇게 만든 것 같아."

어느 날, 이 세 친구는 각자의 고민을 가지고 마을 근처의 신비로운 숲을 찾아갔어요. 이 숲에는 지혜로운 노인이 살고 있다는 이야기를 들었기 때문이에요. 노인은 모든 고민을 들어주고, 그들에게 필요한 조언을 해 준다고 했거든요. 세 친구는 숲 속을 헤매다가, 드디어 노인을 만났고 노인은 따뜻한 미소를 지으며 친구들을 맞이했어요.

"어서 오너라, 어린이들아. 너희가 이 숲에 온 이유를 알고 있단다. 너희 모두 마음속에 고민이 있는 것 같구나. 내게 말해 보겠니?" 지훈이가 먼저 말했어요. "저는 때때로 너무 많은 기대를 받고 있는 것처럼 느껴요. 제가 어릴 때 부모님이 저에게 너무 많은 기대를 걸었던 것이 저를 불안하게 만드는 것 같아요." 노인은 고개를 끄덕이며 말했어요. "그렇구나, 지훈아. 그런데 그것이 정말 네가 불안해지는 이유일까? 혹시 그보다 더 깊은 무언가가 있지는 않을까?"

민영이가 이어서 말했어요. "저는 다른 사람들과 다르게 느끼고 생각해요. 어쩌면 어릴 때 부모님이 저와 충분히 대화하지 않아서, 제가 이렇게 된 걸지도 몰라요." 노인은 다시 미소를 지으며 말했어요. "민영아, 네가 그렇게 느낄 수 있겠구나." 노인은 민영에게 부드럽게 말을 이어갔어요. "하지만 그것이 정말 네가 다르게 느끼고 생각하는 이유일까? 혹시 네 안에 있는 더 깊은 무언가가 영향을 미친 건 아닐까?"

마지막으로 은수가 조심스럽게 말했어요. "저는 다른 사람들의 감정을 너무 잘 이해하다 보니, 가끔은 그 감정들이 너무 무거워져요. 어쩌면 부모님이 제 감정을 이해해 주지 않았기 때문일지도 몰라요." 노인은 은수를 따뜻하게 바라보며 말했어요. "은수야, 네가 느끼는 그 무거움이 꼭 부모님의 영향 때문일까? 혹시 네 안에 있는 다른 이유가 있지 않을까?" 세 친구는 노인의 말을 듣고 깊은 생각에 잠겼어요. 그들은 지금까지 자신이 느껴온 감정의 원인이 전부 부모님이나 환경 때문이라고 생각했지만, 노인의 말에 따라 그보다 더 깊은 무언가가 있을 수 있다는 생각을 하게 되었어요.

노인은 잠시 말을 멈추고, 세 친구를 찬찬히 바라보았어요. 그리고는 천천히 입을 열었어요. "너희가 겪는 감정과 고민의 근원은 부모님이나 가정환경에 있지 않을 수 있어. 물론 환경이 너희에게 영향을 줄 수는 있지만, 그것이 전부는 아니란다. 너희 각자는 태어날 때부터 고유한 기질을 가지고 있어. 그 기질이 너희가 세상을 어떻게 느끼고 경험하는지를 결정한단다." 지훈이가 궁금한 표정으로 물었어요. "기질이요? 그게 뭔가요?" 노인은 설명하기 시작했어요. "기질은 너희가 태어날 때부터 가지고 있는 고유한 성향이야. 그것은 너희가 어떤 환경에서 자랐는지 상관없이, 너희 안에 깊이 자리 잡고 있는 본래의 모습이야. 이 기질은 너희가 어떻게 살아가면 행복할 수 있는지, 무엇이 너희를 기쁘게 하고 슬프게 하는지에 대한 단서를 제공한단다."

민영이 고개를 갸우뚱하며 물었어요. "그럼 우리가 느끼는 감정들이 다 기질 때문인 건가요?" 노인은 미소를 지으며 대답했어요. "맞아, 민영아. 기질은 너희가 같은 상황에서도 각기 다른 감정을 느끼게 하는 중요한 요소야. 지훈이가 활발하고 리더십이 강한 이유도, 민영이 조용하고 깊이 생각하는 것을 좋아하는 이유도, 은수가 다른 사람들의 감정을 잘 이해하는 이유도 모두 너희 각자의 기질에서 비롯된 거란다. 같은 부모님 밑에서 자란 형제들 사이에서도 각자가 다르게 느끼고 경험하는 이유는 바로 이 기질 때문이지." 은수가 조심스럽게 물었어요. "그렇다면 우리가 지금 느끼는 슬픔이나 불안도 기질 때문인가요?"

노인은 고개를 끄덕이며 말했습니다. "그래, 은수야. 너희가 느끼는 감정은 너희 기질이 너희에게 보내는 신호야. 그것은 너희가 어떻게 살아가야 할지를 알려 주는 중요한 단서지." 지훈이가 다시 물었어요. "그럼 우리는 어떻게 해야 이 기질을 이해하고, 우리의 감정을 잘 다스릴 수 있을까요?"

노인은 천천히 대답했어요. "우선, 너희 각자가 자신의 기질을 이해하는 것이 중요해. 자신이 어떤 상황에서 행복을 느끼고, 어떤 상황에서 불안을 느끼는지 깊이 들여다보렴. 그리고 그 감정들을 단순히 부정적으로 보지 말고, 그것들이 너희에게 어떤 메시지를 전달하려고 하는지 생각해 보는 거야. 너희 기질은 너희가 어떻게 살아가야 할지에 대한 중요한 단서를 제공할 거란다." 민영은 생각에 잠기며 말했어요. "그렇다면, 우리는 부모님이나 환경을 탓하기보다는, 우리 자신을 더 깊이 이해하려고 노력해야겠네요."

노인은 따뜻하게 미소 지으며 대답했어요. "맞아, 민영아. 너희가 느끼는 감정들은 모두 너희가 너희 자신을 더 깊이 이해할 수 있도록 도와주는 중요한 신호들이야. 부모님이나 환경을 탓하기보다는, 그 감정들을 통해 너희가 진정으로 어떤 사람인지, 그리고 어떻게 살아가면 행복할 수 있는지에 대해 더 깊이 이해하는 것이 중요하단다."

은수도 고개를 끄덕이며 말했어요. "이제 알 것 같아요. 제가 느끼는 감정들은 단순히 힘들고 무거운 것이 아니라, 저를 더 잘 이해할 수 있도록 도와주는 거군요."

노인은 세 친구를 따뜻하게 바라봤어요. "그렇단다, 은수야. 너희는 모두 고유한 기질을 가지고 있고, 그 기질은 너희가 어떻게 살아가야 행복할지를 알려 주는 중요한 방향성이야. 이제 너희는 너희 기질을 이해하고, 그에 맞게 살아가는 법을 배워야 해. 그렇게 하면, 너희는 더 이상 부모님이나 환경을 탓하지 않고, 진정한 자신을 발견할 수 있을 거란다." 세 친구는 노인의 말을 마음에 새기며 집으로 돌아갔어요. 자신들의 기질을 이해하고, 그에 맞게 살아가기로 결심했어요. 시간이 지나면서, 지훈이는 자신의 리더십을 긍정적으로 발휘하며 다른 사람들을 이끄는 데 힘썼어요. 민영이는 자신의 깊은 사고를 통해 더 창의적인 생각을 하게 되었고, 은수는 다른 사람들의 감정을 잘 이해하면서도 자신의 감정을 소중히 여기게 되었어요. 더 이상 부모님이나 환경을 탓하지 않았고, 자신들만의 고유한 길을 걸어갔어요.

05. 엄마, 아빠도 기질을 통해 행복을 느껴요.

옛날 옛적, 높은 산과 푸른 숲으로 둘러싸인 작은 마을에 엘리라는 소녀가 살고 있었어요. 엘리는 부모님과 함께 살고 있었고, 가족을 무척 사랑했지만 서로가 원하는 것과 행동하는 방식이 다를 때마다 자주 엇갈리곤 했어요. 엘리의 부모님도 엘리를 매우 사랑했지만, 서로의 기질이 다르다 보니 때로는 그 사랑이 잘 전달되지 않을 때가 있었어요.

엘리의 엄마는 밝고 에너지가 넘치며 언제나 새로운 모험을 찾는 사람이었어요. 마치 태양처럼 활기찬 에너지를 뿜어내며 주변을 따뜻하게 비추는 엄마의 모습은, 마을 사람들에게도 활력을 주곤 했어요. 열정적이고 외향적이며, 언제나 새로운 도전을 즐기고 사람들과의 교류에서 에너지를 얻었어요.

반면 엘리의 아빠는 조용하고 차분한 성격으로, 항상 현실적이고 계획적으로 움직였어요. 마을에서 농사를 지으며 자연과 가까이 지내는 것을 좋아했고, 자신의 땅을 가꾸는 데에 큰 자부심을 느꼈어요. 아빠는 안정적이고 믿음직스러운 성격을 가지고 있었고, 엘리에게는 언제나 든든한 존재였어요. 현실적이고 안정감을 중요시하며, 실질적인 것을 중시하고 신뢰를 바탕으로 한 관계를 중시하는 아빠였어요.

엘리는 엄마와 아빠의 성향을 닮은 부분도 있고 전혀 다른 부분도 있었어요. 때로는 엄마처럼 활발하고 사람들과 어울리기를 좋아했지만, 또 때로는 아빠처럼 조용한 시간을 즐기며 자신만의 세계에 빠져들기도 했어요. 호기심 많고 변화에 민감하고, 자유롭고 유연한 성향을 가지고 있으면서도, 감정적이고 깊은 연민을 느끼고, 다른 사람의 감정에 잘 공감하는 성향을 가지고 있었어요.

하루는 엘리가 숲속을 거닐다가 작은 나무 문을 발견했어요. 문을 열고 들어가 보니 그곳에는 신비한 마법사가 있었어요. 마법사는 엘리에게 미소를 지으며 말했어요. "나는 기질의 마법사야. 사람들의 기질을 이해하고, 그 기질을 존중하도록 돕는 일을 하지." 엘리는 마법사의 말에 귀를 기울이며 물었어요. "기질이란 무엇인가요?" "모든 사람은 자신만의 타고난 기질을 통해 느끼고 생각하고 판단하면서 자기만의 행복한 삶을 만들어가게 되어 있어. 이 나침반은 너의 가족의 기질을 이해하고, 그에 맞춰 조율할 수 있도록 도와줄 거야."

엘리는 나침반을 들고 집으로 돌아갔어요. 그리고 부모님께 마법의 나침반 이야기를 들려주었어요. 처음에는 부모님도 엘리의 이야기를 반신반의했지만, 엘리가 진지하게 설명하는 것을 보고 나침반을 함께 사용해 보기로 했어요. 엘리와 부모님은 서로의 기질을 나침반을 통해 이해하고, 각자의 성향에 대해 이야기하기 시작했어요.

먼저, 엄마의 차례였어요. 나침반은 엄마의 기질이 언제나 새로운 도전을 즐기고, 활기차고 사람들과의 교류에서 큰 에너지를 얻는 성향이라고 나타내었어요. 엄마는 엘리에게 말했어요. "그래서 내가 너에게 자꾸 밖으로 나가 놀자고 했던 거야. 나는 너도 나처럼 그런 걸 즐길 거라고 생각했거든." 엘리는 고개를 끄덕이며 대답했어요. "네, 엄마. 저도 그런 걸 좋아하지만, 때로는 집에서 혼자 있는 게 필요할 때도 있어요."

다음은 아빠의 차례였어요. 나침반은 아빠의 기질이 현실적이고 안정적이며, 변화를 크게 좋아하지 않는 성향이라고 보여 줬어요. 아빠는 엘리에게 말했어요. "그래서 내가 너에게 산책하자고 했던 거야. 나는 조용하고 안정된 시간을 좋아하니까, 너도 나처럼 그걸 즐길 줄 알았지." 엘리는 아빠에게 미소를 지으며 말했어요. "네, 아빠. 저도 조용한 시간을 좋아해요. 하지만 가끔은 친구들과 노는 게 더 재미있을 때도 있어요."

엘리의 차례가 되었을 때, 나침반은 엘리가 호기심이 많고 새로운 경험을 좋아하며, 자유롭고 유연한 성향을 가지고 있다고 보여 줬어요. 또, 감정적으로 깊이 공감하고, 다른 사람들의 감정을 잘 이해하는 성향도 있다고 나타냈어요. 이처럼 엘리는 두 가지 기질이 조화를 이루어, 때로는 활발하게 친구들과 어울리며, 때로는 혼자만의 시간을 통해 내면의 감정을 돌보았어요.

엘리의 이야기를 들은 엄마와 아빠는 엘리의 성향을 이해하기 시작했어요. 엄마는 활기차고 사교적인 기질이지만, 엘리가 혼자만의 시간이 필요할 때가 있다는 것을 깨달았어요. 그래서 엘리에게 무조건 같이 놀자고 하기보다는, 엘리가 혼자 시간을 보내고 싶어 할 때는 그 시간을 존중해 주기로 했어요. 아빠는 안정적이고 현실적인 기질을 가지고 있지만, 엘리가 가끔은 새로운 모험을 즐기고 싶어 한다는 것을 이해했어요. 그래서 엘리가 친구들과 함께 모험을 떠나고 싶어 할 때는 그 선택을 지지해 주기로 했어요. 아빠는 엘리가 혼자서도 충분히 잘할 수 있을 것이라는 믿음을 가지게 되었고, 그 믿음이 엘리에게도 큰 용기가 되었어요. 그날 이후로 엘리의 가족은 나침반이 가리키는 방향에 따라 서로의 기질을 존중하며 살아가기로 했어요. 가족은 더 이상 서로를 바꾸려고 하거나, 자신의 방식대로만 사랑을 표현하려 하지 않았어요. 그 대신, 각자의 기질을 존중하며, 서로에게 맞는 방식으로 사랑을 전하기 시작했어요.

어느 날, 엘리와 엄마는 함께 마을 축제에 가게 되었어요. 엘리는 축제의 활기찬 분위기 속에서 엄마와 함께 즐거운 시간을 보냈어요. 하지만 엘리는 중간에 잠시 혼자만의 시간을 갖고 싶어졌어요. 그래서 엄마에게 말했어요. "엄마, 저는 잠시 혼자서 조용한 곳에 가서 책을 읽고 싶어요." 엄마는 엘리의 요청을 이해하고, 엘리에게 시간을 주었어요. 엄마는 엘리가 스스로의 기질을 존중하며 행동하는 것을 보며 흐뭇한 미소를 지었어요. 또 다른 날, 엘리와 아빠는 함께 숲 속을 산책하러 나갔어요. 아빠는 숲의 고요함 속에서 마음의 평화를 찾았고, 엘리도 아빠와 함께 조용히 숲을 걷는 시간을 즐겼어요. 산책 중 엘리는 아빠에게 물었어요. "아빠, 아빠는 왜 이렇게 조용한 시간이 좋으세요?" 아빠는 엘리에게 차분히 대답했어요. "엘리야, 이 고요한 순간들이 나에게 안정감을 주고, 세상을 천천히 바라볼 수 있게 해 주는 소중한 시간이란다." 엘리는 아빠의 말을 듣고 나서, 자신도 이런 조용한 시간을 소중하게 여기게 되었어요. 엘리는 아빠와 함께 걷는 시간을 통해 자신의 내면을 돌아보고, 감정을 정리할 수 있는 법을 배웠어요. 그러면서 엘리는 엄마와 아빠의 사랑이 각각 다르게 느껴질 수 있지만, 그것들이 모두 진정한 사랑이라는 것을 깨닫게 되었어요.

시간이 지나면서 엘리와 부모님은 점점 더 서로의 기질을 잘 이해하게 되었고, 가족 간의 상호 작용도 더 부드러워졌어요. 엘리는 부모님에게 더 이상 자신의 기질을 숨길 필요가 없었고, 부모님도 엘리의 다양한 성향을 존중하며 지지해 주었어요. 엘리는 이런 가족의 변화가 너무나도 행복했어요.

엘리는 또한 학교 친구들에게도 마법의 나침반을 소개하게 되었어요. 친구들은 엘리의 이야기를 들으며 각자의 기질에 대해 생각해 보게 되었고, 서로가 다름을 이해하고 존중하는 방법을 배우기 시작했어요. 엘리는 친구들이 서로의 기질을 존중하며, 더 나은 친구 관계를 만들어가는 모습을 보며 뿌듯함을 느꼈어요.

그러던 어느 날, 엘리는 마법사의 집을 다시 찾아갔어요. 엘리는 마법사에게 고마움을 전하며 말했어요. "마법사님, 나침반 덕분에 우리 가족이 서로를 더 잘 이해하고 사랑할 수 있게 되었어요. 감사합니다!" 마법사는 엘리에게 미소를 지으며 대답했어요. "엘리야, 네가 가족을 위해 노력한 덕분이란다. 나침반은 그저 방향을 알려줄 뿐이지, 그 방향을 따라가는 건 너희의 선택이야."

엘리는 마법사의 말에 고개를 끄덕이며, 이제 더 이상 나침반이 필요하지 않다는 것을 깨달았어요. 왜냐하면 진정한 나침반은 바로 엘리와 가족의 마음속에 있었기 때문이에요. 그들은 서로의 기질을 이해하고, 각자의 방식대로 사랑을 표현하는 법을 배웠으며, 그것이야말로 가족이 함께 행복할 수 있는 길이라는 것을 알게 되었어요.

엘리는 콧노래를 부르며 노래하듯 이야기했어요. "우리는 모두 다른 모습으로 태어났지만, 그건 다 이유가 있는 거야. 우리는 우리의 기질을 사랑하며 살아가면 돼. 그러면 우리도, 이 세상도 더 행복해질 거야."

2부

객관식 성격 검사로는
알 수 없는,
우리아이
진짜 기질 해독법

기질진단 방법의 중요성

01. 성격유형 및 기질검사와의 만남

저는 고등학교 때 명상을 접하게 되면서 많은 긍정적이고 건강한 몸과 마음의 변화를 경험했어요. 그리고 어떤 계기가 생기기 전까지는 성격과 기질에 대한 개념의 다름도 잘 몰랐었고, 타고난 기질이나 성향 또는 그것을 밝혀 주는 심리진단도구나 성격유형이론에 별 관심이 없었어요. 우리는 본래 남녀 혹은 선악과 옳고 그름 등의 이분법적인 개념으로 분리되기 이전에 하나로 연결된 존재라는 전체성의 체험과 깨우침에 집중하고 있었어요. 그 전체성의 의식을 가진 존재라는 것이 우리의 본질이고, 성격이란 것은 우리의 실체는 아니라는 개념을 가지고 있었죠. 그리고 성격유형을 나누고 그 안에 갇혀서 자기자신을 규정짓고 한계짓는 것이 옳지 않다는 생각도 했어요. 그렇다 보니 유형을 나누며 성격을 구분하는 검사들을 수준이 낮은 학문이라고 판단하기도 했어요.

저는 명상을 통해 성찰한 바대로, 원래 생각이나 느낌, 감정의 속성이 변화무쌍하고 불완전하기 때문에, 그것을 알아차리는 자로 머물며 그것들을 다루고 잘 쓰면 되는 것이라고 생각했어요. 그래서 그저 순간순간 그 심리를 바라보고 알아차리는 것에만 집중했고요. 그렇게 다양한 명상 프로그램을 통해 신체적, 정신적 그리고 삶의 모든 영역에서 큰 변화와 성장을 경험했죠. 그러던 중에 어떤 영역은 쉽게 변화하고 성장하는데 또 다른 어떤 영역에서는 계속 반복된 패턴에서 벗어나지 못하고 있는 저를 발견했어요.

처음에는 쉽게 바뀌지 않고 변화와 성장이 더딘 영역에서는 제가 아직 부족하구나라는 생각을 했었는데요. 문득 쉽게 변하지 않는 타고난 심리가 있겠구나 싶었어요. 인간에게는 분명 무의식적인 사고의 프레임이 존재하며 그것이 같은 상황과 경험도 다르게 느끼고 생각하고 판단하고 선택하게 하는 중요한 틀이 된다는 것을 점점 더 이해하게 되었어요. 그러면서 MBTI. DISC. 에니어그램. 홀랜드 등의 자기보고식 객관식 검사를 통한 성격유형검사들이 나름의 일리가 있다는 것을 경험하게 되었죠. 서로가 가진 무의식적인 사고의 틀이 다르기 때문이지 누가 옳고 그른 것은 아니구나라는 성숙한 개념을 갖게 되는 것도 성격유형 검사의 이로움이라고 생각하게 되었어요. 하지만 그 이상의 유익함을 주려면 성격유형 검사를 뛰어넘는 것이 필요하다는 생각을 하기에 이르렀어요. 성격검사들은 검사 할 때마다 결과가 달라지곤 했거든요. 그리고 여전히 이것이 나의 본래 모습인지 살면서 변형된 모습인지 명료하게 이해가 되지 않고 헷갈리더라고요. 그러면서 의식화된 인지적인 차원으로 진단하는 객관식 검사 말고 무의식을 알 수 있는 진단법을 공부해야겠다 싶었어요. 그래서 시작한 것이 동양의 운명학인 사주명리학과 서양의 운명학인 점성학이었어요.

02. 성격검사의 바넘 효과

바넘효과(Barnum Effect)는 사람들이 모호하고 매우 일반적인 성격설명을 마치 자신에게 특화된 것처럼 받아들이는 심리 현상을 말해요. 쉽게 말해, 누구에게나 해당될 수 있는 이야기를 듣고 "이건 완전히 나에 대한 이야기야!"라고 느끼는 것이죠. 바넘효과는 미국의 서커스 주최자이자 쇼맨인 P.T. 바넘(P.T. Barnum)의 이름에서 유래했어요. 그는 "매 분마다 호구가 태어난다(There's a sucker born every minute)"라는 말을 한 것으로 유명한데요. 사람들의 심리를 이용해 돈을 벌었던 그의 방식을 반영해요.

심리학자 폴 밀(Paul Meehl)이 처음으로 "바넘 효과"라는 용어를 사용했고, 이 효과는 이후 심리학 실험을 통해 널리 알려지게 되었어요. 그 중 1956년, 심리학자 버트럼 포러(Bertram R. Forer)가 학생들에게 개인화된 성격 분석을 제공하고 그 정확성을 평가하도록 했던 실험이 유명해요. 포러는 사실 모든 학생에게 동일한 일반적인 성격 설명을 주었는데, 대부분의 학생들이 이를 매우 정확하다고 평가했던 실험이랍니다. 바넘효과의 강력한 예시로 남아 있는 실험인 셈이에요. 사람들이 바넘효과에 쉽게 빠지는 이유는 이러한 설명이 일반적이어서 누구에게나 적용될 수 있지만, 개인에게는 매우 정확한 것처럼 느껴지기 때문이에요.

이를테면, 성격 테스트 결과에서 "당신은 때로는 성급하지만, 때로는 지나치게 신중하기도 합니다" 같은 진술을 자주 봐요. 이런 말은 거의 모든 사람에게 해당될 수 있어요. 중요한 건, 어떤 포인트에서 성급함이 표출되고, 어떠할 때 어떤 심리를 기반으로 신중함이 나타나는지에 대한 구체적인 개별적 정보가 있어야 해요. 하지만, 테스트를 받은 사람은 두루뭉술한 이 결과가 자기만의 특성을 정확히 묘사했다고 생각해요. 왜 이런 일이 일어날까요? 사람들의 내면에는 다양한 심리가 존재하기 때문에 어느 일부분을 가지고도 자신이라고 여길 수가 있어요. 그렇다 보니 사람들은 모호하고 보편적인 진술을 개인화된 것으로 받아들이게 돼요. 우리의 자아 중심적 편향은 자신에 대한 긍정적인 진술을 더 쉽게 받아들이는데요. 만약 성격 테스트 결과가 "당신은 사람들에게 신뢰를 받는 리더입니다" 같은 긍정적인 말을 포함하고 있으면, 사람들은 그 테스트를 더 믿게 돼요.

또한 확증 편향으로 인해 사람들은 자신이 믿고 싶은 정보를 선택적으로 받아들여요. 이미 자신에 대해 가지고 있던 생각과 일치하는 정보는 더 쉽게 받아들이죠. 성격 테스트 결과가 자신이 이미 느끼고 있던 성격 특성과 맞아떨어진다면, 그 테스트를 더 신뢰하게 되는 거예요. 또한 성격 테스트를 받을 때 기대하는 마음이 실제로 그러한 결과를 받아들일 가능성을 높이고 결과를 더 신뢰하게 만들기도 하고요. 성격 테스트 결과가 자신의 정체성을 확인해 주면, 심리적으로 안정감을 느끼게 되는 우리의 심리로 인해 우리는 결과를 더 받아들이게 됩니다. 우리가 가진 자기 충족적 예언은 성격 테스트 결과를 믿게 되면서 그에 따라 행동을 조정하게 되기도 하면서 그것은 테스트의 신뢰성을 더욱 강화하기도 하죠. 이 효과는 사람들이 성격 테스트 결과에 쉽게 매료되는 이유 중 하나예요.

03. 자기보고식 객관식 문항검사는 기질검사가 아닌 성격 검사예요.

현대 사회에서 사람들은 자신의 성격과 심리적 특성을 이해하기 위해 다양한 검사를 활용하는데요. 그중에서도 객관식 검사는 많은 사람들이 쉽게 접근할 수 있는 방법으로 널리 사용되고 있어요. 유명한 성격유형 검사나 직업흥미 검사들, 예를 들어 MBTI, DISC, 홀랜드, 에니어그램, 빅 파이브(Big Five), 버크만, TCI 등은 질문에 대한 답변을 통해 개인의 성격 유형을 분류해 줘요. 이 검사들은 우리의 현재 성격을 파악하는 데 유용한 도구일 수 있어요. 하지만, 타고난 기질을 파악하는 데는 한계가 있어요. 타고난 기질은 우리가 세상을 처음 경험할 때부터 가지고 있는 본래의 성향으로, 단순한 질문에 대한 답변으로는 쉽게 파악할 수 없어요.

객관식 검사의 작동 원리와 한계

객관식 검사는 특정한 상황에서 개인의 생각, 감정, 행동에 대한 반응을 통해 성격 유형을 분류하는데요. 이 검사들은 기본적으로 "나는 사교적이다" 또는 "나는 갈등을 피하는 편이다"와 같은 진술에 동의하거나 반대하는 정도를 묻는 형식으로 구성이 돼요. 이러한 질문들은 개인의 자가 보고(Self-report)에 의존하기 때문에 응답자의 현재 인지 수준, 감정 상태, 사회적 기대, 심지어는 검사에 답변하는 순간의 기분에 영향을 받을 수 있어요.

예를 들어, 기분이 좋은 날에는 자신을 긍정적으로 평가하고, 기분이 좋지 않은 날에는 부정적으로 평가할 가능성이 커요. 또한, 사람들은 무의식적으로 사회적 기대에 부응하거나 자신이 바라는 이상적인 모습에 맞춰 의도적으로 답변할 수도 있고요. 이러한 이유들로 인해 객관식 검사는 현재의 심리적 상태나 일시적인 성격 특성은 반영할 수 있지만, 타고난 기질을 정확하게 파악하기는 어려워요.

현재 성격 vs. 타고난 기질

앞에서도 설명했듯이 성격과 기질은 밀접하게 연관되어 있지만, 동일한 개념은 아니에요. 성격은 우리가 살아오면서 경험하고 배운 것들이 반영된 현재의 모습이에요. 이는 사회적 역할, 학습된 행동 패턴, 가치관, 믿음 등으로 형성되고, 시간이 지남에 따라 변화할 수 있어요. 반면, 기질은 태어날 때부터 가지고 있는 기본적인 성향으로, 본질적으로 변하지 않는 부분이에요. 기질은 훨씬 더 깊이 숨어 있는 무의식적인 부분에 자리 잡고 있기 때문에, 표면적으로 드러나는 성격과 반드시 일치하지 않아요. 12년간 기질과 성격을 동시에 검사해본 저의 임상에 의하면, 1000명 중 700-800명은 기질과 성격이 다르게 나오더라고요. 쉬운 예로 타고난 기질이 내향적인 사람이지만, 자신이 맡은 사회적 역할과 여러 가지 외부 기대와 요구에 의해 외향적인 성격으로 살아가는 경우도 있고요.

자기보고식 검사의 왜곡 가능성

객관식 검사는 자기보고식이라는 특성 때문에 왜곡될 가능성이 있어요. 응답자는 자신의 인식과 감정 상태에 따라 답변할 뿐만 아니라, 자신의 성격을 바람직하게 보이도록 조작할 수도 있어요. 이러한 조작은 의식적일 수도 있고 무의식적일 수도 있어요. 예를 들어, 직장 면접을 위해 성격 검사를 받는 경우, 지원자는 자신을 더 친절하고 사교적인 사람으로 보이기 위해 답변을 의도적으로 수정할 수 있어요. 게 다가, 개인은 자신의 기질을 반드시 정확하게 인식하고 있지 못하거든요. 그러다 보니 우리가 스스로를 이해하는 방식은 종종 외부의 피드백과 자기 인식의 한계로 인해 왜곡되기 쉬워요. 따라서 객관식 검사 결과는 개인의 진정한 기질보다는 현재의 성격을 반영할 가능성이 클 수밖에 없어요.

그래서 검사할 때마다 검사 결과가 달라지는 경우가 매우 많아요. 실제로 방송에서도 그런 부분이 공공연히 노출되기도 하죠. 이를테면 MBTI검사를 일 년 만에 다시 해 보니, 세상의 소금형(ISTJ)에서 백과사전형(ISTP)으로 바뀌거나 성인군자형(ISFP)에서 잔다르크형(INFP)으로 바뀌었다 등등으로 다양하게 이야기해요. 그 현재 성격은 일정 부분의 타고난 천성 기질도 포함이 되어 있기는 할 것이나 그 비중은 알 수 없는 부분이에요. 자기보고식 검사의 한계점은 위에서 언급한 의도적 왜곡과 인지의 불완전함의 문제도 있지만, 자기보고식 검사를 통해 제시되어진 내용이 다각도로 제시될 수 없다는 한계 또한 있어요. 대부분의 심리 진단 도구들은 성향을 제시해줄 때, 내가 일하고 성과를 낼 때 그렇다는 것인지 정서를 안정시키고 쉴 때 그렇다는 것인지 구분하지 못한 채 어느 상황, 어느 여건에서도 마치 하나의 패턴을 가진 것처럼 제시해 주곤해요.

기질에 대한 의식적 인지의 한계, 개개인의 인지수준의 차이, 검사

당시 정서와 상황에 따른 결과의 다름, 다양한 심리층차의 기준점 이동으로 인한 일관된 답변의 어려움, 의도적 답변 조작 가능성, 다양한 심리기능을 구분하지 못하는 단일한 심리분석 그리고 타고난 천성기질이 아닌 현재 성격을 밝혀 주는 기능에 머무는 등의 다양한 한계를 가진 자기보고식 검사는 정확한 자기이해와 진로설계의 나침반이 될 수 없어요. 제가 그래서 정말 기질을 알 수 있는 진단도구와 방법을 찾았던 거예요. 기질검사를 해 본 분들은 자신이 객관식 검사에 답변한 자신의 현재성격과 타고난 기질의 차이를 보고 놀라워합니다. 바른 진단을 통해 기질을 이해하고 경험한 사람들은 이토록 구체적이고 정확한 자기분석을 경험한 적이 없다고 이야기해요.

04. 타고난 기질을 알려면 태어난 시기를 통해 알아봐야 해요.

타고난 기질은 우리가 태어난 순간부터 주어진 본래의 성향이며, 세상을 경험하고, 반응하며, 사람들과 상호작용하는 방식에 깊은 영향을 미치는데요. 이러한 타고난 기질을 이해하기 위해서는 개인의 출생 시점과 그 당시의 에너지 상태를 분석하는 것이 중요해요. 성격과 달리, 타고난 기질은 시간에 따라 변하지 않으며, 고유의 성향으로 존재하기 때문이에요.

출생 시점과 타고난 기질의 관계

기질은 단순히 유전적인 요소나 환경적 요인만으로 형성되지 않아요. 특히 유전적인 요소는 신체 특성의 유사성을 갖게 하지만, 기질은 유전적인 것도 환경적인 것도 아닌 각각의 영혼에게 독립적으로 부여되는 것이에요. 동양 철학이나 전통적인 지혜에서는 출생 시점이 기질에 중요한 영향을 미친다고 봐요. 예를 들어, 동양의 사주 명리학이나 서양의 점성술 등은 개인이 태어난 순간의 천체의 위치와 에너지 흐름을 분석해 타고난 기질을 파악해요. 이런 전통은 수천 년 동안 내려왔고, 현대 사람들에게도 널리 사용되고 있어요. 이 학문들은 인간이 태어난 순간의 에너지 흐름이 그 사람의 성향과 특성에 큰 영향을 미친다고 말해요. 예를 들어, 사주명리학에서는 태어난 연, 월, 일, 시간에 따라 사람의 기질이 달라진다고 보고, 점성술에서는 태양, 달, 별들이 출생 순간에 어떤 위치에 있었는지를 중요하게 생각해요. 이러한 접근은 현대 심리학과는 다른 시각을 제공하지만, 인간의 타고난 성향을 이해하는 데 중요한 통찰을 줄 수 있어요. 출생 시점은 개인의 기본적인 에너지 패턴과 특성을 결정짓는 요소로 여겨지고, 이는 유전적인 요소를 넘어, 태어날 당시의 환경적, 자연적 요소들까지도 반영한다고 볼 수 있거든요. 우리가 태어난 순간의 계절, 날씨, 시간대 등은 우리의 기본적인 기질에 아주 미세하게 영향을 미쳐요.

현대 연구에서도 아주 흥미로운 데이터들이 이런 전통적인 통찰과

겹칠 수 있다는 가능성을 보여 주고 있어요. 예를 들어, 출생 계절과 성격에 관한 몇몇 연구들은 사람들이 태어난 계절에 따라 성격적인 경향성이 다를 수 있다는 결과를 내놓고 있어요. 영국과 헝가리에서 이루어진 연구에 따르면, 봄에 태어난 사람들은 낙관적이고 충동적인 경향이 있고, 여름에 태어난 사람들은 사회성이 좋거나 감정 기복이 심한 경향을 보인다고 해요. 가을과 겨울에 태어난 사람들은 좀 더 침착하거나 신중한 성향을 가진다고 보고된 적도 있고요. 이렇듯 고대 사람들은 천체가 지구와 인간에게 큰 영향을 미친다고 믿었어요. 달의 주기가 바다의 조수에 영향을 미치듯, 행성들의 위치가 사람들의 삶과 자연 현상에 영향을 준다고 생각했죠. 태양은 힘과 활력을, 달은 감정과 변화를, 화성은 열정과 용기를 상징한다고 보는 식으로, 각 행성은 고유한 특징과 에너지를 가지고 있다고 여겼어요. 그래서 각 요일은 해당 행성의 에너지를 반영한다고 믿었답니다. 이를테면, 화요일은 화성의 에너지가 강해 활동적이고 경쟁적인 일을 하기에 좋다고 생각했어요. 이처럼 요일 이름은 단순히 시간을 나타내는 표기가 아니라, 인류가 우주를 바라보던 시각과 문화를 담고 있는 소중한 유산이기도 해요.

　요일에 대해 조금 더 들여다볼게요. 우리가 매일 사용하는 요일 이름인 월화수목금토일은 단순한 명칭이 아니라 오랜 역사와 천문학적인 의미를 담고 있어요. 요일 이름은 고대 로마 시대부터 사용되어 왔는데요. 각 요일은 태양계의 행성과 연결되어 있어요. 일요일(Sunday)

은 태양(Sun)을 의미하고, 태양을 신성시했던 로마인들에게 가장 중요한 날이었어요. 월요일(Monday)은 달(Moon)을 의미. 화요일(Tuesday)은 화성(Mars)을 의미하고 전쟁의 신 마르스와 연결돼요. 수요일(Wednesday)은 수성(Mercury)을 의미하고, 로마 신화에서 상업과 여행의 신인 메르쿠리우스와 연결돼요. 목요일(Thursday)은 목성(Jupiter)을 의미하고, 로마 신화의 신들 중 가장 강력한 주피터와 연결돼요. 금요일(Friday)은 금성(Venus)을 의미하며, 미의 여신 비너스와 연결됩니다. 토요일(Saturday)은 토성(Saturn)을 의미하고, 농업의 신 사투르누스와 연결됐고요. 즉 일주일은 바로 태양, 달, 오행성 즉 7성의 배열이에요. 우주행성들의 사이클로 역법이 만들어지고 달력이 만들어졌답니다.

태어난 시간대도 기질에 중요한 영향을 미쳐요. 예를 들어, 이른 아침에 태어난 사람들은 대체로 하루를 기운차게 시작하는 에너지를 가지고 있는 반면, 밤 늦게 태어난 사람들은 조금 더 차분하고 고요한 성향을 보일 수 있어요. 이러한 요소들은 현대 심리학의 연구와도 맞물리며, 기질이 시간에 따라 변하지 않는 고유한 성향임을 시사해요. 이러한 연구 결과는 단순히 우연의 일치로 치부될 수 있지만, 태어난 시점이 환경적 요인들과 맞물려 기질에 영향을 미칠 가능성을 무시할 수는 없어요. 물론 여기서 말한 출생 계절에 따른 경향성이 모든 개개인을 대변할 수는 없어요. 그 외에 더 세부적인 심리층차의 기질특성이 별도로 있어요. 그럼에도 결과론적으로 개괄적인 경향성과 태어난 계절.시간 간의 상호 연관성을 연구한 것들은 인간의 기질에 있어 출생시점이 영향을 미친다는 것을 보여 주기 때문에 의미있다고 볼 수 있어요.

 이미 상식처럼 되어 버린 사실 중 하나는, 세계를 구성하는 모든 물질의 근원은 에너지라는 거예요. 그리고 모든 현상은 보이지 않는 힘과 에너지의 상호작용을 통해 일어난다는 것도 이제 새로운 이야기는 아니에요. 예를 들어, 밀물과 썰물의 현상을 생각해 볼까요? 바닷물이 오르고 내리는 이 주기는 단순히 물의 움직임이 아니라, 달의 인력과 지구의 자전이라는 자연의 거대한 에너지 시스템이 만들어내는 결과예요. 달이 지구 주위를 돌면서 끌어당기는 힘, 그리고 지구의 중력이 함께 작용하면서 밀물과 썰물이 반복돼요. 우리가 사용하는 달력도 이런 자연의 주기적인 움직임을 기반으로 만들어졌어요. 달의 주기에 따라 한 달이 정해지고, 지구가 태양을 한 바퀴 도는 것을 기준으로 일 년이 정해져요. 이렇듯 우리는 자연의 리듬과 주기에 따라 시간과 일상을 살아가고 있는 셈이죠. 자연의 에너지가 끊임없이 우리에게 영향을 주고 있듯, 우리 인간의 삶과 기질에도 깊이 연결되어 있어요.

 이러한 자연의 에너지와 인간의 기질 간의 관계를 더 깊이 이해하기 위해, 양자물리학의 개념을 간단히 살펴볼 수도 있어요. 양자물리학에서는 모든 것이 에너지로 이루어져 있다고 해요. 우리의 몸, 주변의 물체, 심지어 우주의 별들까지도 모두 에너지 입자로 이루어져 있고, 이 에너지는 끊임없이 상호작용한다고 합니다. 그렇기 때문에 우리 또한 자연의 일부로서, 우주와의 에너지 교류 속에서 태어나고 살아가요. 두 입자가 한 번 얽히면, 공간적으로 아무리 멀리 떨어져 있어도 서로에게 영향을 미치는 현상이 일어난다고 하는 양자 얽힘(Quantum Entanglement)이라는 개념이 있어요. 이 관점에서 보면, 탄생 시점의 우주는 개인과 얽혀 있는 하나의 시스템으로 볼 수 있어요. 따라서 탄생 시점의 우주 상태가 개인의 삶에 지속적인 영향을 미칠 수 있다는 해석이 가능해요. 출생 당시의 에너지 상태, 즉 우리가 태어난 시점의 행성과 천체들의 위치가 우리에게 영향을 미치는 이유는 그 순간의 우주적 에너지와 우리 몸과 마음이 연결되어 있기 때문이에요. 마치 물에 돌을 던졌을 때 물결이 퍼져나가듯, 탄생 시점의 에너지가 개인의 삶 전체에 영향을 미치는 것이에요. 바로 사주명리학이나 점성술 등에서 말하는 "출생 시점의 중요성"을 설명하는 데 이러한 것들이 도움이 돼요.

저도 사주명리학과 점성술을 공부했어요. 하지만 제가 공부한 기질 관련 심리학인 다원재능심리학은 그것과는 달라요. 동양의 사주명리학과 서양의 점성학은 타고난 운명 전체를 말하는 운명학이에요. 인간 전반의 모든 것들을 운명이라는 이름으로 읽어내요. 하지만 저는 기질 이외의 운의 흐름. 길흉화복 예측 등 운명학으로 해석할 수 있는 다른 항목들을 읽어 주는 역할은 제게 맞지 않고, 제가 원하는 것이 아니라는 걸 발견했어요. 그래서 태어난 연월일시를 근간으로 오로지 타고난 기질적인 특성만을 진단하고 데이터화 해서, 자기보고식 객관식 검사로 현재 성격을 비교한 다원재능심리학을 통해 자기이해를 돕고 심리.커리어 코칭을 하고 있어요. 이 타고난 기질 이해를 통해서, 우리는 있는 그대로의 자신을 이해하고 사랑하게 돼요. 자기다운 삶의 진로를 설정하게 돼요. 나와 다른 사람들은 어떤 행복의 코드와 재능을 가졌는지 알고 지지하게 돼요. 가족의 기질을 이해하게 되는 순간 그 누구도 일방적으로 상대에게 맞출 필요 없이, 각자가 있는 모습 그대로 존재하며 사랑의 느낌을 주고받을 수 있어요. 이러한 원리에 대해 반신반의 하는 분들도 많이 계시지만, 직접 검사를 하고 코칭을 받으신 분들은 그 어떤 자기이해 프로그램이나 객관식 검사의 심리진단 도구들로 대체될 수 없는 본질적이고 유익한 과정이라고 극찬을 하셨어요. 그래서 더 많은 분들에게 그 유익함을 전하기 위해 책을 쓰고 있어요.

> "인생에서 가장 중요한 두 날은 당신이 태어난 날과 왜 태어났는지를 알게 되는 날이다." —마크 트웨인

05. 기질은 초월하거나 무시할 것이 아니에요.

저의 삶은 28년 전 명상에 입문하면서 비약적으로 달라졌어요. 그리

고 과정 중에 이런저런 시행착오도 있었고요. 그중 하나는 나를 초월하려고 지향하면서 에고를 수준 낮은 것으로 보거나 버려야 할 것, 경계해야 할 것으로 대했다는 거예요. 일명 '에고 죽이기'이었죠.

　우리가 흔히 에고라고 표현하는, 나의 색깔이나 고정된 패턴과 틀이 나올 때 그 모습을 수용하는 대신 '아직도 내 색깔이 이렇게 나오네. 아직 이 모양이네'하면서 자기비난을 한 적이 있었어요. 명상이 다 그렇다는 것이 아니에요. 오랜 명상수행 중 에고를 초월한다는 방향성을 가지면서 저에게 한때 이런 과정이 있었다는 거예요. 마치 이것처럼, 우리는 수많은 교육과 수련을 받으면서 스스로의 모습 그대로를 인정하기 보다는, 더 나아지기 위해 애쓰고, 더 성숙해 지려고 애쓰고, 더 훌륭해지려고 애쓰곤 해요. 그 성숙과 성장을 추구하는 것은 문제가 아니에요. 다만 그러면서 지금 현재의 있는 모습 그대로를 못마땅해 하고 비난하게 되는 경우가 많은데, 그런 접근이 문제인 거예요. '세 살 버릇 여든 간다'는 속담처럼, 어찌 보면 우린 아주 어렸을 때부터 좋은 습관, 좋은 미덕을 기르기 위해, 더 훌륭해지라는 요구들에 둘러싸여 자라 왔는지도 몰라요. 어린이집에서 배꼽인사를 배우고, 초등학교에 들어가면서부터는 훌륭한 사람의 미덕에 대해 더 다양한 잣대로 교육받고 평가받곤 해요. 그러다 보니, 자연스럽게 나오는 나의 생긴 모습은 어느 순간 나 스스로도 헷갈릴만큼 변형되기 시작해요. 그건 애시당초 부족한 모습이었기에 난 끊임없이 변화하고 성장해야 하는 존재라고 여기게 되었어요.

『특정 자극에 반응하는 반복패턴이 나의 정체성입니다. 무
의식적으로 자극되는 것이 반복되는 것 그것을 알고 활용해
야 잠재력이 발휘됩니다.』 —브랜드인문학/ 민음사 중

　무의식중에 나오는 나의 날것의 그 천성적 모습이, 우리가 삶에서 활
용해야 할 나의 고유성이자 재능이고 잠재력이에요. 그 천성기질을 그
대로 지지받을 때, 우린 비로소 스스로 성숙함을 도모할 수 있게 돼요.
실제로, 1000명 가까운 사람들을 기질검사 기반으로 만나면서, 이 천성
기질이 우리 인생 전체를 휘두르는 큰 영향력을 가지고 있음을 매번 확
인하곤 해요. 그리고 그 기질의 방향대로 지지받고 그것을 활용해서 살
지 못할 때 불행감과 우울감에 빠지는 사람들이 대부분임을 확인했어
요. 남들이 부러워하는 억대 연봉자도 결국엔 자기 기질에 맞는 일로 전
환하면서 그 대단한 일을 내려놓는 것을 봤어요. 영성의 깊이가 남다
르다는 스승들을 만나도 결국 그들만의 개성을 여전히 발견할 수 있었
어요. 마치 법륜스님과 법정스님 색깔이 다르듯, 수행해도 지워지지 않
는 개인의 고유성이 있고 그 고유성인 기질은 지우거나 초월하거나 배
타할 것이 아닌 받아들이고 수용하고 잘 활용해야 하는 것임을 알게
되었어요. 그럴 때 비로소, 그것에서 자유로울 수 있음을 경험했어요.
　기질을 지지받지 못하고, 천성의 방향대로 살지 못할 때 인생이 꼬이

기 시작해요. 모든 사람은 저마다의 타고난 고유성과 재능이 있어요. 그것이 행복한 삶을 위한 그 사람만의 씨앗이에요. 호박씨를 심어서 호박이 열리면 그것이 성공이에요. 호박씨를 심어놓고 왜 수박이 나지 않느냐며 불평하고 살아가는 삶이라면 하루하루가 얼마나 불만족스럽고 괴로울까요? 혹시 누군가를 부러워하면서 자신을 비난하는 것에 익숙한 일상을 보내고 있지는 않나요? 나의 고유성을 모른 채 말이죠.

저는 처음에는 에니어그램을 통해 심리를 이해하고 진로를 설정하는 공부를 하고 활용했어요. 그러다가 문항검사를 이용한 자기보고식 방식의 한계를 깨달은 후로는 명리공부를 하면서 동시에 명리를 근간으로 한 타고난 심리와 진로를 가이드해 주는 선천적성검사를 익히고 활용했어요. 그러다가 모든 심리진단 도구들은 저마다 오랜 시간에 걸쳐 체계화된 훌륭한 것들인데, 이 모든 것들을 동시에 통합적으로 진단하고 검사할 수 있다면 얼마나 좋을까 고민하게 됐지요. 출생정보를 근간으로 타고난 기질을 밝히고, 기존에 존재하는 객관식 성격검사 도구들을 통해 현재의 성격을 동시에 밝혀줄 수 있다면 바른 자기이해와 진로설계에 큰 도움이 되겠다는 생각을 했어요. 그러던 중 천문심리학을 근간으로 출생정보를 통해 타고난 기질을 알아내고, DISC, 홀랜드, 에니어그램 등의 성격검사를 융합해 후천적 성격까지 동시에 밝혀 주는 '다원재능검사'라는 것을 알게 되었어요. 현재는 이것을 심리와 진로 진단 및 코칭 도구로 활발하게 사용하고 있어요. 약 1000명의 내담자를 만났어요. 그 과정에서, MBTI전문강사, 국제갤럽강점코치, 상담심리학박사, 교육학박사 및 다양한 공부를 한 분들이 이 기질진단기반의 코칭에 가치를 느껴 저를 통해 기질상담사로 거듭났어요. 그 분들이 약 60여명 정도 돼요.

에고에 대한 관점과 에고로부터 자유로워지기 위한 방법론을 펼친 부부 저자인 누크 산체스, 토머스바에라는 아래와 같은 이야기를 했어요.

> "진정으로 영혼을 변화시키는 정신적 성장을 위해서는 심리학적 작업이 반드시 필요하다. 성격은 다루지 않은 채 정신적 수행에만 몰두하면 뿌리 깊고 고질적인 문제가 깨끗이 해결되지 않고 정신도 통합되지 않은 채 끝나는 경우가 많다. 많은 철학과 정신적 지도자들이 이 상태에서 한계에 부딪히거나 좌절했다."

여기에서는 성격이라고 표현했지만, 기질과 성격으로 구분지어 더 명확하게 설명할 필요가 있어요. 즉, 진정으로 영혼을 변화시키는 정신적 성장을 위해서는, 자신의 더 거룩한 근원의 내적특성을 만나려면 구체적인 자신의 심리 이해 즉 타고난 기질과 현재 성격이해는 필수라는 것이에요. 30여년 가까이 명상을 하고, 25여년 가까이 명상지도자와 심신통합치유전문가로 활동하고 있는 저도 크게 공감하는 부분입니다.

자신의 기질을 바르고 구체적으로 이해하고 온전히 품고 사랑할 수 있을 때만이 우리는 비로소, 그 탄탄하고 본질적인 기반을 바탕으로, 자신의 성숙을 도모할 수 있어요. 더 나아가 자신의 때와 삶의 흐름에 맞게 영성화, 초월 신성화의 여정도 이어질 수 있고요. 자신의 기질을 구체적으로 모르고 두루뭉술한 자기 이해를 바탕으로 하거나, 자신을 있는 그대로를 품지 못한 채 변화를 도모하면서 성숙한 나, 영적인 나, 초월의 나를 추구하는 것은 모래성이 무너지듯 결국 좌절하게 되는 경우를 많이 봐왔어요.

실제로 많은 명상가분들이 제게 찾아와 기질검사를 받았어요. 그리고 수십 년 명상수행하며 해소되지 않았던 부분들이 해소되고, 이제야 비로소 있는 그대로의 나를 사랑할 수 있게 되었다며 감사인사를 표했어요. 반면 심리관련 전공자분들이나 관련자분들은 본의 아니게 사람의 심리를 상처분석으로 파고드는 것에 익숙한데요. 그 분들 역시 상처 이전에 각 개인의 고유한 특성인 기질을 이해하는 접근방법을 통해 상처분석으로 해소되지 않던 많은 자기이슈들이 해소됨을 경험하고 놀라워했어요. 저는 그래서 일반인들은 물론 명상가분들과 심리전공자분들도 기질공부를 반드시 해야 한다고 생각해요. 그래서 제게 전문가가 된 분들 중에는 명상을 하던 분들과 심리관련 석·박사 및 종사자분들이 꽤 많아요.

06. 타고난 기질검사, 다원재능심리학

12년간 약 1천명에 가까운 분들의 기질검사기반 상담.코칭을 통해 놀라운 사실을 발견했어요. 70%의 청소년과 성인들이 객관식 문항 심리검사들로 나온 성격결과와 실제 타고난 기질 결과가 다르다는 거예요. 본래 자신의 색깔을 잃어버리고, 외부의 요구들에 부응하며 자신을 변형시키고 적응해 나가느라 항상 애쓰고 살아가는 우리들. 그러다 보니, 본래 나의 타고난 재능과 행복의 코드가 무엇인지 헷갈리는 사람이 70%나 된다는 것은 직면하기엔 참으로 마음이 아픈 진실이었어요. 아래 내용은 2025년에 개정판으로 출간될 [심력명상]책에도 잠시 언급될 내용이기도 하고요. 2016년에 제가 출간한 [심력]책에 언급했던 다원재능심리학에 대한 일부 발췌내용이에요.

> 다원재능검사는 태양계 행성들의 영향에 의해 만들어진 사람의 기질을 우주의 근원이 4원소(불, 흙, 공기, 물)로 되어 있다는 엠페도클레스의 주장에 적용해서 설명해요. 이를 토대로 '불=열정적인(Passionate)', '흙=현실적인(Realistic)', '공기=정보적인(Informative)', '물=정서적인(Sentimental)'으로 표현해, 각각의 영어 앞 글자를 딴 'PRIS'라고 하죠. 그래서 P는 열정형, R은 현실형, I는 정보형, S는 정서형으로 해석합니다.

다원재능검사는 출생정보를 바탕으로 한 천문심리학적 해석을 통해 144가지 유형 중 자신의 PRIS 유형을 통해 타고난 천성기질을 알려 줘요. 더불어 대표적인 현대 심리 및 진로 진단 도구들인 DISC, 에니어그램, 홀랜드 등의 성격검사에도 천문심리학적 진단을 통한 타고난 기질 결과와 스스로 체크한 자기보고식 객관식 문항 검사를 통한 현재 성격을 동시에 제시해요. 자기보고식 객관식 문항 검사결과는 스스로가 인지한 자기인식으로서 타고난 심리일 수도 있고 경험을 통해 얻은 후천적인 심리일 수도 있으며, 현재 상황을 반영하거나 삶의 경험에 영향받은 복합적인 결과일 수도 있기에, 현재 성격이라고 풀이해요. 결국 다원재능검사는 선천적인 것과 현재적인 것을 동시에 진단해서 타고난 기질과 후천적 현재 성격을 비교 제시해 주고 해석해 주는 방식이기에 심리와 진로의 방향을 매우 합리적이고도 통합적으로 할 수 있다는 강점이 있어요. 또한 PRIS와 더불어 지금 대표적으로 활용되고 있는 여타 객관식 성격진단 심리도구를 통합적으로 제시해 준다는 강점도 있고요.

제가 다원재능을 주로 활용하게 된 이유는 그 외에도 몇 가지가 있는데요. 우리는 기질 또는 성격을 논할 때, 좋고 나쁨 혹은 고쳐야 할 점과 키워야 할 점으로 말하곤 하는데요. 그런데 다원재능에서는 기질(천성)은 좋고 나쁨이 아닌 재능이라 여긴다는 거예요. 즉, 기질은 고치고 말고 할 것이 아니라 오히려 그 모습 그대로 지지와 격려를 받아야 한다는 것이죠. 이미 출생정보 기반의 기질진단 검사를 통해 사람들을 상담하며 같은 관점을 가지고 있던 저이기에 반가운 관점이었죠. 그리고 마음의 관점이 가진 창조력을 알고 그래서 관점을 중요하게 여기는 저의 철학과 맞아떨어지는 부분이기도 했고요. 자신의 심리를 재능이라는 관점으로 이해하게 되면, 자신을 이해하는 것만큼 동시에 자연스럽게 자존감을 회복할 수 있어요. 또한, 타인에 대해서도 서로의 다름을 불편하게 여기기보다는 나와 다른 재능을 가진 나 못지않은 훌륭한 존재로 바라보게 되고요. 보통의 심리검사들은 하나의 핵심 욕구를 중심으로 다양한 방향과 각도에서의 자신의 모습을 해석하는데요. 다원재능에서는 개인의 내적인 쉼의 욕구인 안정 욕구, 외적인 활동 욕구인 성취 욕구라는 두 가지 욕구를 중심으로 다양한 방향과 각도에서 안내해요. 그 두 가지 욕구를 중심으로 일할 때의 기질과 쉴 때의 기질을 분리해 제시하게 되면 나에 대한 인식을 심플하면서도 통합적으로 그리고 명확하게 할 수 있게 해 줘요. 그리고 인간의 가장 기본적인 두 가지 욕구를 중심으로 한 심리 이해와 진로 제시는 매우 실용적이고도 이해가 쉬워요.

다원재능은 충분한 검증과 타당도 및 신뢰도를 기반으로 하고 있어요. 그러면서도 진단의 옳고 그름, 진리인지 논리인지, 과학인지 믿음인지 등에는 별 관심을 갖지는 않아요. 심리는 칼로 무 자르듯 명확하게 재단하거나 측량할 수 없는 것이기에 인간이해의 도구로써 이를 통해서 실제적으로 자신과 가족의 삶에 유익한가 그렇지 않은가에 집중하고 있답니다. 이러한 연유들로 저는 다원재능진단을 주요 도구로 선택해서 사용하고 있으며, 그로 인해 많은 분들의 삶에 도움을 주고 있어요.

위 내용들은 제가 9년 전에 낸 명상책 [심력]의 하나의 부록개념으로 기질을 아는 것이 왜 심력을 키우고 명상적 삶을 사는 것에도 중요한지를 언급하기 위해 적었던 내용이에요. 기질별로 더 적합한 명상 혹은 더 쉽게 명상에 흥미를 가질 수 있는 명상을 나눌 수 있어요. 기질을 아는 것은 나에게 맞는 명상법을 아는 것을 비롯해, 모든 주제들에서 나에게 맞는 맞춤형을 발견하는 기본이에요. 이를테면, 나에게 맞는 명상법, 학습법, 독서법, 언어습득법, 대화법, 영업방법 등 다양한 것이 있을 수 있겠죠. 제게 명상과 기질이해는 인간으로 태어나 알아야 할 삶의 아주 중요한 키워드이자 행복한 삶을 위한 양날개 같은 것이에요. 명상만 해도 부족하고 기질이해만 해도 부족해요. 특히 명상 중에서도 마음챙김명상은 기질이해와 함께 중요한 한 쪽 날개에요. 둘 중 하나만 알고 실천하는 삶은 힘들 수 있어요. 한쪽 날개로 나는 건 어렵잖아요. 마음챙김명상과 기질공부를 함께 할 때 비로소 양날개가 갖춰진 우리로서 균형 있게 비상하는 삶이 가능해요.

테스트보다 중요한 해석

앞서 이야기 한 대로, 성인 100명 중 70명은 자신이 인지한 자신의 성격과 타고난 선천성이 일치하지 않아요. 후천적으로 변화하는 성격을 자신의 모습이라고 착각하기 때문이에요. 객관식 문항검사는 내가 답변한 것에 대한 결과가 나오기 때문에, 당연히 자기가 이해한대로의 자기모습이 서술되어 나와요. 하지만 타 검사와 다르게, 다원재능검사는 결과지를 혼자 해석할 수 없어요. 대부분의 사람들은 '내가 이런가?'라는 의문을 품게 되거든요. 그래서 검사보다 훨씬 중요한 것이 해석이에요. 처음에는 결과에 갸우뚱 할지라도, 나중엔 그것이 나의 본모습임을 알게 된답니다. 다원재능심리학은 검사결과를 해석하는 과정이 훨씬 중요해요. 해석코칭 없이 검사결과 프로파일만은 제공하지 않아요. 내담자에게 전혀 도움이 되지 않기 때문이에요. 자신의 기질결과 프로파일을 통해서, 자신의 삶에서 무의식적인 기질이 어떻게 구체적으로 영향을 미쳤는가를 성찰해 보는 것이 중요하거든요. 제가 명리학, 점성학 등을 공부했지만, 그걸 읽어 주는 역할자를 하지 않는 이유는, 결국 우리는 자기 스스로 직접 곱씹고 되내며 성찰하고 깨닫는 과정을 통해서만이 진정한 변화가 가능하기 때문이에요. 다원재능진단 기반 코칭은 개인, 연인, 가족 단위 또는 그룹이 모여, 최소 3~4회 이상 길게는 8~10회의 만남을 통해 자신을 이해하는 과정을 거쳐요. 이 때 매우 구체적이고 적나라하게 적혀진 다각도의 프로파일을 읽고 삶을 돌아보면서 많은 성찰, 자각, 깨달음 등의 내적작용이 일어나요. 많은 분들이 울기도 하고 탄식하기도 해요. 감탄하기도 하고 해방감에 환호를 외치기도 해요. 그러고 나면 '이제 더 이상 다른 심리검사를 하지 않아도 되겠다'라는 말씀들을 하곤 해요. 내담자들은 자신의 선천성 기질과 현재 성격을 동시에 이해하게 되면서, 타고난 천성기질과 후천적 경험과 교육을 받으며 다양한 요구에 부응하다 보니 변화된 현재 성격을 구분해 낼 수 있는 명료함을 갖게 돼요.

모든 심리는 옳고 그름이 없는, 섭리와 자연 혹은 신으로부터 부여받은 재능의 씨앗이에요. 각자가 행복을 쉽게 느낄 수 있는 그 사람만의 행복의 욕구, 의미욕구예요. 내담자들은 노력하지 않고 애쓰지 않아도 나오는 활동기능과 쉼 기능이 각자가 받은 은사이자 재능이며 행복코드임을 알고 확인해요. 그로 인해 있는 그대로의 자신을 수용하게 되고, 자신을 미워하던 사람이 자기가 너무 이쁘고 좋다고 해요. 자존감이 저절로 살아나고, 애쓰고 노력하지 않았는데도 가지고 온 부여받은 재능으로 행복할 수 있음에 감사함을 느낀다고 해요. 천성기질의 작용을 이해하고 나니 저절로 타인에 대한 이해와 있는 그대로 지지할 수 있는 힘이 생겨났다고 해요. 있는 그대로의 자신과 타인을 수용하고 사랑하는 것이 중요하다는 명제는 많이 언급되는 문구예요. 하지만 쉬운 일은 아니에요. 가족 간에도 쉽지 않은 부분이고요. 그런데 다원재능심리학을 통해 자신과 가족 그리고 타인을 있는 그대로 이해하고 수용하는 것이 놀랍도록 수월해졌다고 이야기해요. 그리고 있는 그대로를 이해하고 사랑하는 것이 이론이 아니라, 실제 가능한 일임을 확인하게 되어 놀랍다고들 이야기해요.

07. 활동 기질과 쉼 기질을 아는 게 중요해요.

　인류가 끊임없이 해 오는 질문 중 단연 대표적인 것 하나가 바로 "나는 누구인가"인데요. 기질검사에서 밝혀 주는 활동 기질과 쉼 기질이 사람들의 자기이해에 얼마나 큰 도움을 주는지에 대해 이야기해 보려고 해요. 대부분의 심리 진단 도구들은 성향을 제시해줄 때, 내가 활동을 할 때 그렇다는 건지 혹은 쉴 때 그렇다는 것인지 구분하지 못한 채 어느 상황, 어느 여건에서도 마치 하나의 패턴을 가진 것처럼 제시해 주는데요. 이 2가지 기능을 나누어서 제시한다는 것이 얼마나 큰 의미를 가지고 있는지에 대해서 이야기하려고 해요.

　활동기질은 일을 하거나, 목표를 달성할 때, 무의식적으로 일어나는 내적인 옳고 그름의 기준이에요. '나는 이렇게 하는 것이 옳은 것 같아'라는 내적 외침이지요. 많은 사람들이 일하는 방식에 있어서 갈등을 일으키고는 해요. 상대를 무시하거나 권위에 도전하기 위함이 아닌, 자신도 모르게 내면에서 옳고 그름의 기준이 매우 강렬하게 작동하기 때문인데요. 그게 바로 다원재능검사에서 제시해 주는 활동기질이에요. 자신의 활동기질에 맞춰 일을 하게 하면 이게 자신인듯한 느낌이 들고 지지받는 느낌이 들면서 창조성이 더 크게 발휘돼요. 생명력과 활력이 넘치게 되고 그것을 통해, 그 사람의 고유성을 드러내게 되지요. 이러한 활동기질은 결과를 내는 힘이기 때문에 성장시켜주고 더

북돋아 주어야 할 부분입니다.

아무래도 목표가 있고 성취를 해야 하는 긴장된 상황, 여건 즉 사회 활동이나 직장생활에서 주로 드러나게 되는 모습이다 보니까 쉼 기질과 다르다면 집에서 모습이나 긴장이 풀렸을 때의 모습 혹은 편안한 사람과 함께 있을 때 나오는 모습과는 다를 수도 있어요. 반면 쉼 기질은 쉼을 취하거나 에너지를 충전할 때 무의식적으로 일어나는 좋고 싫음의 내적 기준이에요.

쉼 기질은 '나는 이렇게 하는 게 좋아, 저런 건 싫어'라는 내적인 충전을 위한 코드입니다. 우리가 일을 할 때 밑도 끝도 없이 "나 이거 좋아요. 그건 싫어요" 이렇게 자신의 정서적인 싫고 좋음을 드러낼 수 없듯이, 이 쉼 기능은 혼자 있거나 편하게 여기는 사람과 있거나 집에서 가족들과 있을 때, 즉 나를 방어하지 않아도 되는 상황에서 비로소 밖으로 표출되곤 해요. 물론 밖으로 드러나는 것이 제한적 상황이 필요하다는 것일 뿐, 활동기질과 함께, 늘 내 안에서 작용하는 심리의 기준 잣대 역할을 하지요. 쉼 기질은 정서적인 부분이다 보니까, 성장시켜주어야 한다기보다는 만족시켜 주어야 할 부분이 됩니다.

요즘 많은 사람들이 일과 삶의 균형을 이야기하며 워라벨이라는 말을 많이 쓰는데요. 쉼을 가지더라도 자신의 쉼 기질을 이해하지 못한 채 쉼을 가지면, 재충전과 쉼의 충족욕구가 채워지지 않겠죠. 반면, 일을 할 때도, 자신의 활동기질에 맞는 방식으로 일을 할 수 있다면, 일하면서도 살맛이 날 수 있어요. 워라벨이라는 것이 단순이 일하는 만큼 휴식도 잘 취해야 한다는 균형성을 의미하는 것에서 더 나아가, 자신의 활동기질 방식으로 일을 하면 일을 하면서도 쉼만큼 행복감을 가질 수 있어요. 그리고 쉼을 가질 때도 무조건 다른 사람들의 휴가 방식과 쉼의 방식을 좇는 것이 아닌 자신의 방식으로 쉼을 갖는 것을 통해 삶의 균형을 찾을 수 있게 되고요.

워라벨이라는 이름하에, 일은 노동일 수밖에 없다며, 자기의 살 맛나는 방식으로 일하지 못하는 분들이 많아요. 일을 즐겁게 하지 못하니 휴일만 기다리게 되고, 휴일이 되면 너도나도 가는 휴양지로 몰려가는 단일한 패턴에 갇혀 사는 분들도 많고요. 하지만 자신의 활동기질과 쉼 기질을 정확히 알면 우리가 외치는 워라벨의 정의부터, 그것을 실현해 나가는 모습도 훨씬 더 다채로워집니다. 저 사람은 쉰다면서 왜 자신의 몸을 혹사할까? 저 사람은 쉰다면서 주말에도 저렇게 뭘 배우러 다닐까? 라는 식으로 나와 다른 사람들을 보며 우리는 자신만의 기준으로 끊임없이 판단해요. 그리고 좋은 마음으로 이런저런 제안을 합니다. 하지만 결국 그것은 나에게 맞는 나의 기준일 뿐이에요. 모든 사람은 자신에게 맞는 가장 적절한 것을 자기 자신의 가슴과 머리에서 스스로 발견할 수 있어요.

실제로 기질상담을 해 보면 자신의 활동기질과 쉼 기질에 대해서 모르셨던 분들이 자기에 대해서 이중적이라고 생각하고 지내며 자신을 비난하고 비판하며 살고 있었다고 고백해요. 그러다가 자신의 활동 기질과 쉼 기질을 이해하게 되고 받아들이게 되면서 굉장한 해방감을 느끼시고는 합니다. 그간에 자신을 비난하고 미워했던 시간들에 힘들고 아팠었던 마음이 녹아내리면서 눈물을 흘리는 경우도 많이 있어요.

  활동기질의 기준대로 옳은 것 같아서 행동했는데 그렇게 하면 이상하게 쉼 기질로 인해 마음은 편하지 않았던 기억들. 쉼 기질의 기준대로 마음이 편한 방향으로 했는데 그러고 나면 활동기질의 잣대에서는 옳은 것 같지 않아서 내내 찝찝하고 불편했던 기억들. 나도 나를 잘 모르겠다싶은 그 복잡한 심리 그리고 뭔가 앞뒤가 똑같지 않은 즉 자신이 겉과 속이 다른 사람인 듯해서 한없이 부족하고 잘못된 사람으로 여겨져 힘겹게 여겨졌던 기억들도 있고요. 밖에서 사회활동 할 때 보여지는 모습과 가까운 사람 혹은 친해지면 보여지는 모습의 다름에서 오는 타인들의 겉과 속이 다르다는 판단과 비난을 듣게 되는 경우도 있게 되고요. 이렇게 우리들은 활동기질과 쉼 기질을 모른 채, 자신에게 혹은 타인에게 이중적이라고, 겉과 속이 다른 응큼한 사람이라고, 척하는 사람이라고, 이런저런 꼬리표를 붙이고 평가하고 판단하는 것을 주거니 받거니 하곤 합니다.

  많은 분들이 활동기질과 쉼 기질을 모른 채 가족을 대하면서 본의 아니게 눈총과 거친 언어의 화살을 사랑하는 가족에게 쏘아대곤 했던 것들에 대한 미안한 기억들. 끊임없이 상대를 오해하며 하지 않아도 될 마음고생과 갈등을 만들어 살았던 마음들을 돌아보게 되면서 삶과 관계에 대한 치유경험들을 많이 하십니다.

우리는 활동기질과 쉼 기질을 아는 것을 통해, 살아온 삶 전체가 왜 그러한 방향으로 흘러올 수밖에 없었는지에 대한 이해를 하게 되고, 그러한 선택을 해 온 자신의 삶과 자기자신을 이해하고 깊이 품을 수 있는 힘을 발견하게 돼요. 이런저런 삶의 모든 기억들을 떠올리며 많은 위안과 해방감을 느끼게 됩니다. 그것이 나라는 사람이 받아온 재능이자 나에게 맞는 행복의 방향성이었음을 알고, 그것을 나와 세상을 위해 쓰고자 하는 발심이 또한 일어나게 됩니다. 그리고 나 뿐만 아니라 다른 사람들도 나처럼 그러한 자신만의 빛깔과 재능을 받아 오는 것임을 알게 돼 그들을 이해하고 받아들이고 지지해 주는 힘이 더 커짐을 경험하게 돼요.

많은 내담자분들이 활동 기질과 쉼 기질로 구분되어 표현한 기질특성의 내용들이 섬세하고 구체적이어서 어렵지 않게 자신을 통찰하고 살아온 삶을 돌아볼 수 있었다고 말해요. 삶의 현장에서 바로 적용되는 자신만의 인생 설계를 하는 데 도움이 되어 자기 헷갈림이 해소되었다고 하고요. 활동 기질과 쉼 기질의 다름으로 인해 가졌던 내적 갈등으로 인한 자기 비난을 멈추게 되고 자신을 있는 그대로 사랑하게 되어 너무나 행복하다고 이야기합니다.

활동기질의 이해를 통해 자신이 잘하는 것, 직업 분야, 직장에서 자신에 맞는 직무, 학습 성취도를 높이는 자신만의 학습법, 일의 결과를 내기 위해 협동할 때 고려해야 할 점, 일하면서도 행복감이 커지는 자신만의 일의 방식, 건강한 인간관계를 위한 나만의 재능과 보완점 등을 명확하게 이해하고 삶의 로드맵을 설계하게 되거든요.

반면 쉼 기질의 이해를 통해 자신이 좋아하는 것, 취미로 삼을 분야, 정서를 안정시키는 자신만의 방법, 워라벨을 위한 삶의 방식, 가까운 사람들과 함께 할 때 고려할 부분 등을 명확하게 이해하고 삶의 로드맵을 설계하게 되고요.

이렇듯 활동기질과 쉼 기질로 구분해 타고난 자신의 심리재능을 이해하도록 안내하는 다원재능검사 기반의 코칭을 경험한 많은 분들은 아래처럼 이야기합니다.

"이러한 것들은 무조건 초등학교 입학 전에는 최소 온 가족이 알고 적용해야 해요. 기질을 알고 나니, 인간관계가 편안해지고 가족관계가 좋아졌어요. 회사에 갈 맛이 납니다. 집에 들어갈 맛이 납니다."라고요.

〈기질 코칭 후기 04〉

평소 친분이 있던 이주아 대표님을 통해 다원재능 검사와 코칭을 받게 됐다.

그리고 나의 잘하는 것과 좋아하는 것. 활동 욕구와 쉼 욕구가 서로 상충한다는 걸 확인하고 많이 놀랐고 신기했다. 살아오면서 늘 내 안에서 두 가지의 에너지가 서로 갈등한다는 느낌을 받았었기 때문이다. 일할 때는 진취적이고 도전적 일 때 살 맛이 나지만, 쉴 때는 정서적 민감성을 안정시키고 충족시킬 때 비로소 쉼을 느낄 수 있다는 것을 알게 되었다. 옳고 그름의 기준과 좋고 싫음의 기준이 달라서 자극에 다르게 반응하다 보니, 나도 스스로가 버겁고 헷갈렸던 적이 많다. 그런데 버겁고 힘겹게 여겨지던 나의 부분들이 감사하고 사랑스럽게 여겨지기 시작했다. 모두가 가진 타고난 천성을 아는 것이 삶의 방향과 삶의 일상의 모든 것에서 얼마나 중요한 역할을 하게 되는지가 머리가 아닌 가슴으로 들어오는 시간이었다. 〈○○대표님〉

내가 추구하는 것에 쏠려서 가족을 등한시하는 듯해서 미안했는데 그게 나의 쉼 욕구와 관련된 것임을 알게 되었어요. 가족을 좀 더 챙겨야겠다는 생각이 들고요. 내성적인 성격을 고치고 싶다는 욕구도 있었는데 쉼 기능임을 알게 되었고 재능이라고 여기니 부담이 없어졌어요. 〈○○맘〉

162 ● 엄마의 기질공부

I1의 호기심 충족을 위해서 끊임없이 배우면서 시간을 밖에서 보내니 와이프와 갈등도 겪고 스스로도 불편했는데요. 이제 내면의 쉼 욕구 충족을 통해 활동기능 욕구조절이 가능함을 알겠어요. 〈○○아빠〉

s1 덕분에 가족을 위하고 자산을 늘리게 된 부분도 있어요. 내 의지가 아니라 내가 타고난 쉼 기질에 의한 자연스러운 것이라는 걸 깨닫게 되어 마음의 부담감이 덜해진 느낌이에요. 〈○○맘〉

전에는 무조건 내가 병원에서 노력하고 애쓰고 신경 쓰고 스트레스를 받아야 모든 것들이 성취되는 줄 착각했는데 쉼 기질이 그런 것을 가능케 하는 원동력임을 알게 되어 마음이 홀가분하고 여유도 생겨요. 나의 쉼 기질에도 감사의 마음이 듭니다. 〈○○맘〉

08. 기질을 몰랐던 어린 시절, 저도 제가 밉고 싫었어요.

저는 R2i1의 기질입니다. 우리가 보통 어린 시절에는 좋고 싫음의 정서성을 더 많이 발휘하며 살다 보니, 저 또한 i1의 쉼 기질을 많이 썼어요. 특히나 동네 아이들은 유치원에 다니고, 저는 형편상 그러지 못해서 동네에 혼자 남아 있는 아이였었는데요. 저는 초등학교를 들어가기 전까지만 해도 동네를 구석구석 돌아다니면서 어른들하고 이야기하고 그러다가 오늘은 이 집에서 점심 얻어먹고 또 다른 날은 다른 집에서 점심 얻어먹고 하는 사교성 좋은 아이였어요. 시골동네에서 잔치라도 있을라치면, 무리에 자연스럽게 섞여서 춤을 추고 노는 아이였죠. 어느 날 애가 동네 여기저기 돌아다니면서 이집저집에서 밥 얻어먹고 다닌다고 엄마아빠가 저로 인해 걱정하는 말다툼을 하는 것도 엿들은 적이 있을 정도예요.

그런데 초등학교에 가기 시작하면서부터 사회생활에 규범 그리고 학습, 성취 등의 목표가 생기면서, 활동기능코드가 더 선명히 표출되기 시작했어요. 낯선 사람 앞에서 인사할 때도 머뭇거리며 인사도 잘 못하고, 긴장을 자주하던 저였어요. 발표 차례가 오기 전부터 너무 떨리고 긴장돼서 그런 내가 너무 힘들고 이상하게 여겨지기도 했어요. 먼저 다가가기 보다는 누가 다가오기를 원하는 그런 방식으로 생활을 했습니다. 제 안에서는 발표도 떨지 않고 당당하게 잘하고, 살갑게 사람들한테 쉽게 다가가서 이야기할 수 있는 그런 모습의 나를 끊임없이 원했어요. 그런데 이상하게 친구들끼리 있을때는 그게 되는데, 학교에만 가면 잘 안 되니까 그런 내가 참 못났다고 생각했던 기억이 아직도 떠올려져요.

고등학교 때까지도, 친한 친구들하고 있으면 쉼 기질이 발현되면서 밝고 명랑하지만, 학교생활과 수업시간에는 활동기질로 인해 영락없이 얼어 버리는 저였습니다. 잘해야 하고 완벽해야 하는 R2의 활동기능 기질이 많이 쓰였던 것이지요. 저는 그런 제가 굉장히 답답해 보였어요. 부모님도 쑥맥같다며 한 소리 하실 때가 있었지요. 결국 고등학교 3학년 때는 성인이 되기 전에 이 성격을 고쳐야겠다고 생각을 하기에 이릅니다. 이렇게 적극적이지 못한 성격으로는 성인이 되어서도 이룰 수 있는 게 많이 없겠구나란 생각이 들어서 빼도 박도 못 하게 남들 앞에 설 수밖에 없는 반장이라는 역할을 자진해서 하게 됩니다. 제 안에 I1의 쉼 기질이 없었다면 긴장하는 내가 그렇게까지 불편하지는 않았을 것 같아요.

기질은 우리가 말하는 잘하는 것과 좋아하는 것에 대한 것으로도 연결이 돼요. 제가 좋아하는 것은 I1의 사교성과 자유로움인데 잘하는 것은 R2의 완벽함을 추구하는 신중함입니다. 그러다 보니 소극적으로 되어지는 모습이었던 겁니다. 좋아하는 게 잘 안되니 스스로 그토록 불편했던 거죠. 활동기질은 잘하는 것입니다. 쉼 기질은 좋아하는 것이고요. 우리가 그토록 중요하게 여기는 진로를 설정하기 위해서 무엇을 잘하고 무엇을 좋아하는지를 정확하게 알아야 해요. 우리는 흔히 잘하는 걸로 직업을 삼아야 하는가 좋아하는 것으로 살아야 하는가 이런 질문도 많이 해요. 한 마디로 딱 잘라 말할 수는 없지만 몇 가지의 길이 있어요. 가장 단순하게는 잘하는 활동기질로 직업을 삼고, 쉼 기질로 취미를 삼는 것입니다. 또는 쉼 기질을 어느 정도 충족시키는 선에서 활동기질 방향의 직업을 삼는 것도 방법이에요. 그런데 제가 저와 내담자들을 상담한 것으로 보면서 얻은 통찰이 있다면요. 진로의 방향성은 좋아하는 걸로 잡되 그것을 이루어 나가는 어떤 방식 혹은 수단에 있어서는 잘하는 방식의 기질을 쓰는 것도 유용하더라는 것입니다. 예를 들어 저 같은 경우에는 I1의 쉼 기질을 활용해 사람을 끊임없이 만나고 교류하고 협업하고 배우고 가르치고 이런 방향으로 진로를 설정을 하는 게 제가 좋아하는 방향을 충족하는 게 됩니다. 반면 그것을 펼쳐나가는 방식은 R2 방식이 되면 결과내기가 좋다는 거예요. i1의 자율성과 변화성의 융통성 방식을 쓰기보다, 어느 정도 현실성을 기반으로 기획하여 체계를 잡고 시스템을 잡아서 일을 진행하면 좋아하는 일을 하면서도 결과를 내기가 좋다는 거예요. 어떤 틀이 정해진 곳에 소속으로 들어가되 그 안에서 제가 자유롭고도 융통성 있게 배움과 가르침 그리고 사람들과의 교류를 할 수 있다면 그 또한 저의 진로의 하나의 모습이 될 수도 있고요. 자신의 활동기질과 쉼 기질을 이해하면, 자신에 맞는 적용방식을 발견하게 됩니다.

09. 관계에서의 상극이란 없어요.

우리는 이런 이야기를 할 때가 있어요. "저 사람은 나랑 상극이야, 나랑 너무 달라. 전혀 안 통해" "저 사람은 나랑 참 잘 통해. 완전 내 스타일이야" 등으로요. 살아가면서 받는 스트레스 중 가장 큰 스트레스는 인간관계에서 온다고 이야기해요. 직장에서의 스트레스도 업무관련

스트레스보다는 직장 내 인간관계 스트레스가 가장 크다고도 하죠. 심지어 삶에서 받는 스트레스의 8할이 인간관계에서 온다고까지 이야기하기도 합니다.

　사회 활동 할 때는 우리는 잘 통하는 사람을 만나기를 선호해요. 내적 기준이 유사하다 보니까 무언가 이야기를 나누었을 때 쉽게 맞장구치고 공감해 주는 것도 자연스럽게 잘 되니까요. 그러한 내적기준이 유사한 사람들을 대할 때 우리는 무의식적으로 그 사람이 옳다는 생각도 하게 됩니다. 반면 무언가 의견을 내었을 때 '저건 아닌데'라는 생각이 들면서 쉽게 수긍이 가지 않는 사람의 경우에는 잘 통하지 않는다는 느낌을 갖게 됩니다. 그것이 심한 경우에는 '저 사람은 나랑 상극이야'라는 생각까지 들기도 하죠.

　결혼한 부부들을 코칭하다 보면 70%는 기질이 다르더라고요. 관계에서는 크게 두 종류의 느낌을 불러일으키는 소통이 있어요. 하나는 통함의 느낌이고 다른 하나는 끌림의 느낌이에요. 우리는 통함을 느낄 때 소통이 원활한 느낌을 받고, 끌림을 느낄 때 나와 다름에서 오는 매력을 좋게 보게 됩니다. 많은 부부들이 통함보다는 끌림의 상대와 만나 백년가약을 맺더라고요. 인간에게는 좀 더 자신을 온전하게 만들고 싶어 하는 내적 성장욕구가 있는데요. 기질이 달라서 내적 기준이 다르기에 잘 통하지는 않지만, 나와 다른 모습을 가진 것이 나를 보완해 줄 수 있을 것 같기도 하고, 자신이 못 가진 것을 가진 것이 매력으로 여겨져 끌림이 일어나는 것이지요.

이를테면, 호기심이 많고 생각이 자유롭고 생각과 마음의 기복이 좀 있는 성향의 사람이 한결같고 신중하고 책임감 있게 여겨지며, 큰 감정 기복이 없는 사람을 보면 안정감이 느껴지고 매력적으로 여겨지는 것과 같은 것이에요. 만약 비슷한 유형이라면 '나도 융통성이 있고 그러다 보니 변덕스럽기도 한데, 상대까지 그러면 삶이 덜 안정적이겠구나'라는 생각이 들며, 배우자로는 전혀 다른 성향의 사람을 선택할 수도 있는 것이지요. 반면 잘 통하는 것을 중요하게 생각한다면 잘 통하는 사람, 나와 비슷한 생각의 흐름과 정서의 흐름이어서 서로 예측하기가 수월한 경우. 이야기를 나눌 때 '왜 저렇게 생각할까'라는 마음이 아니라 그게 합당하다고 자연스럽게 여겨지는 사람을 선택할 수도 있고요. 그런 경우에는 다름에서 오는 끌림의 정서는 약해질 수도 있지만 통합의 느낌은 크겠지요.

기질의 관점에서 보면 상극이란 개념도 없어요. 다만 나는 통합을 중요시하는 관계를 맺을 것이냐 끌림을 중요시하는 관계를 맺을 것이냐가 존재할 뿐이에요. 유사하면 잘 통하지만, 끌림이 적을 수 있고요. 기질의 유사함은 사고와 정서의 달란트가 유사하다는 것이기에 의기투합하기는 쉽지만 서로가 못 보는 시각에 있어서는 서로가 보완해 주기 어렵게 되는 부분도 있어요. 자신을 충분히 사랑하지 않는 사람이라면, 자신이 맘에 들어하지 않는 부분과 유사한 모습에서 더 민감하게 반응하게 될 수도 있는 것이고요. 기질의 다름은 통한다는 느낌은 적게 주지만 서로에게 호기심이 더 일어날 수 있고 나의 부족한 부분을 보완해 줄 수 있을 것 같다는 기대감이 좀 더 클 수 있어요. 그렇게 서로를 매력적이라고 여기는 끌림이 더 클 수 있어요. 물론 많은 사람들이 끌림과 매력의 포인트, 그 기질의 다름을 좋게 보고 관계를 맺지만, 어느 순간 그 다름이 답답하게 여겨지고, 자신이 좋게 바라봤던 그 다름의 성향이 안 통한다는 부정적인 시각으로 바뀌게 되는 경우도 있기 마련이에요. 결국 인간관계에서 상극이란 건 없어요. 다만 우리는 자신의 기질과 상대의 기질을 알아야 할 뿐이에요. 그 때 통함 또는 끌림의 내적이유를 알게 되고, 끌림은 서로를 보완하는 재능의 결합으로 이해하고, 통합은 의기투합할 수 있는 재능의 결합으로 이해해서, 서로 소통하며 기질을 지지해 주고 수용해 주는 것이 필요할 뿐이에요. 어떤 소통을 추구하는 만남이든 나의 선택일 뿐, 정답이 정해진 것도 아니고, 옳고 그르고는 없어요. 내 안에서 일어나는 감정과 판단 중 외부에서 온 것은 아무 것도 없다는 철저한 인간의 자기중심성에 대한 직면과 깨우침을 통해, 통함으로 소통하거나 끌림으로 소통하며 서로를 보완하거나 더 나아가 존재와 존재로서 기질을 넘어서는 온전한 영적 소통을 하느냐로 나아갈 뿐이에요. 기질을 구체적으로 이해하고 깨닫게 되면, 작정하고 의도적으로 상처를 주려는 사람은 거의 존재하지 않다는 사실과도 마주하게 돼요. 상처는 누가 주는 것이 아니라 내가 받는다는 것을 알게 돼요. 내 마음의 필터대로 해석하고 판단하는 것에서 벗어나 상대의 의도를 지레짐작하지 않고 의도에 대한 순수한 호기심을 바탕으로 한 대화를 통해, 관계에서의 갈등 또한 잘 풀어 나가게 되는 힘을 가지게 돼요.

3부

기질에 대한
명상과 마음챙김

7장

기질 이해를 통한 명상적 통찰과 내적 성장

01. 제임스 힐먼의 The Soul's Code

제임스 힐먼의 The Soul's Code란 책을 언급해 보려고 해요. 이 책에서 전통 심리학은 인간의 고유한 소명과 가능성을 무시하고 병리학적 측면에만 집중한다는 것을 비판해요. 힐먼은 전통 심리학이 가지는 여러 한계와 문제점을 다음과 같이 상세히 지적해요.

첫 번째로 병리학적 초점에 대한 것이에요. 전통 심리학은 주로 인간의 심리적 문제와 병리학적 상태를 이해하고 치료하는 데 초점을 맞추는데요. 이는 불안, 우울, 정신 질환 등의 부정적인 상태를 해결하는 데 주로 관심을 두기 때문이에요. 힐먼은 이런 접근이 인간의 긍정적인 가능성을 간과한다고 주장해요. 이는 인간의 잠재력과 창의성을 무시하게 되고, 진정한 자기실현을 방해한다고 합니다.

두 번째로 진단 중심의 접근에 대한 것인데요. 전통 심리학은 주로 진단과 분류를 통해 인간의 심리 상태를 이해하려고 해요. 이는 DSM(정신 장애 진단 및 통계 매뉴얼)과 같은 진단 도구를 사용해, 특정 증상과 장애를 규정하고 분류하는 방식이에요. 힐먼은 이러한 진단 중심의 접근이 인간의 복잡하고 다면적인 본질을 충분히 반영하지 못한다고 지적해요. 진단은 종종 개인의 고유한 경험과 맥락을 무시하고, 인간을 단순한 범주에 맞추려는 경향이 있다고 말합니다.

세 번째로 인간의 소명을 무시한다는 건데요. 전통 심리학은 인간의 소명과 운명이라는 개념을 거의 다루지 않아요. 주로 외부 환경과 경험이 개인의 성격과 행동을 결정한다고 보기 때문인데요. 힐먼은 인간이 각자 고유한 소명과 운명을 가지고 태어난다고 주장하고, 이러한 측면을 무시하는 것은 인간 존재의 중요한 부분을 간과하는 것이라고 비판해요. 그는 인간이 자신의 소명을 발견하고 이를 따르는 것이 중요하다고 강조합니다.

네 번째로는 심리학적 치료의 한계에 대한 것이에요. 전통 심리학적 치료는 종종 증상 완화와 정상적인 기능 회복에만 집중해요. 이는 주로 단기적인 해결책을 제공하며, 개인의 깊은 내면적 욕구와 소명에 대한 탐색을 소홀히 합니다. 힐먼은 이러한 치료적 접근이 개인의 진정한 성장과 자기실현을 방해한다고 주장해요. 그는 심리학이 단순히 증상을 완화하는 것 이상으로, 개인이 자신의 고유한 소명과 가능성을 탐구하고 실현할 수 있도록 도와야 한다고 강조합니다.

힐먼은 이렇듯 타고난 소명 중심의 심리학을 제안해요. 개인의 고유한 소명과 가능성을 발견하고 실현하는 데 중점을 두라는 것이에요. 그리고 인간을 보다 통합적으로 이해할 것을 제안하는데요. 이는 개인의 심리적, 영적, 신체적 측면을 모두 고려해, 인간의 전체적인 가능성을 탐구하는 접근이에요. 힐먼의 비판은 전통 심리학이 보다 포괄적이고 깊이 있는 접근을 통해, 개인이 자신의 진정한 소명을 발견하고 이를 실현할 수 있도록 돕는 방향으로 나아가야 한다는 점을 강조해요. 제가 위에서 언급했던 전통심리학의 한계와 아쉬움들과 상당 부분 유사한 관점을 가졌기에 이 책 이야기를 해봤어요. 물론 전통심리학은 그 나름의 역할과 사회 기여의 지점이 있음은 부인할 수 없어요. 다만 다수의 일반대중을 이상심리의 관점으로 접근하려는 데서 오는 한계가 있음을 이야기해 보았습니다.

02. 기질은 각자에게 주어진 삶의 미션이에요.

기질이란 무엇일까요? 앞서 설명한 것들을 좀 더 명상적, 철학적, 혹은 영성적 관점에서도 볼까요. 기질은 단순히 개인의 성격적 특성이나 행동 양식을 넘어서, 태어날 때부터 우리 각자에게 주어진 독특한 본성과도 같은데요. 마치 우리가 세상을 경험하는 색안경과도 같아서, 각기 다른 사람들에게 세상이 다르게 보이게 하고, 그로 인해 삶의 경험이 다채롭게 펼쳐지게 만들어요. 실은 우리가 가진 기질은 각각 그 사람에게는 삶의 미션이 되기도 하고, 또 다른 사람에게는 배움의 교본이 되기도 해요. 기질은 우리에게 주어진 도구이자 과제이며, 이를 어떻게 활용하느냐에 따라 우리의 삶이 크게 달라져요.

  기질은 무의식의 프레임이 되어, 우리의 감정, 생각, 행동에 지대한 영향을 미쳐요. 그리고 이는 곧 우리가 어떻게 세상을 인식하고 반응하는지를 결정짓는 중요한 요소가 되고요. 예를 들어, 외향적인 기질을 가진 사람은 사회적 상호작용에서 에너지를 얻으며, 이러한 기질로 인해 다양한 인간관계를 형성하고 그 속에서 행복을 느끼는데요. 반면 내향적인 기질을 가진 사람은 조용한 환경에서 깊은 사색과 내적 성찰을 통해 만족을 얻으며, 이를 통해 자신만의 삶의 의미를 찾아가곤 해요. 기질은 우리의 선택과 결정을 좌우하며, 이는 곧 우리의 삶의 방향을 결정짓는 무의식의 핵심요소예요. 각자의 기질에 따라 우리는 다른 방식으로 상황을 해석하고, 이에 따라 다른 선택을 하게 됩니다. 어떤 사람은 새로운 도전을 두려워하지 않고 적극적으로 시도하는 반면, 또 다른 사람은 신중한 판단과 준비를 통해 차근차근 목표를 향해 나아가요. 이처럼 기질은 우리가 선택하는 길을 다르게 만들고, 그에 따라 각기 다른 삶의 이야기가 펼쳐지게 해요.

그러나 기질은 단순히 우리를 규정짓는 틀로만 작용하는 것은 아니에요. 기질은 우리에게 빛과 그림자, 즉 재능과 난관을 동시에 안겨 줘요. 외향적인 사람은 사람들 사이에서 쉽게 두각을 나타낼 수 있는 재능을 가졌지만, 때로는 그로 인해 과도한 스트레스와 피로를 느낄 수 있고요. 반대로 내향적인 사람은 깊이 있는 통찰력을 통해 창의적인 성과를 이룰 수 있지만, 외부의 자극에 쉽게 지칠 수 있기도 해요.

우리는 이러한 기질의 이중성을 이해하고, 이를 통해 자신을 더욱 깊이 알아가는 과정에서 성장할 수 있어요. 기질이 우리에게 주는 가장 큰 선물 중 하나는 자신에 대한 깊은 이해예요. 우리는 자신의 기질을 이해하면서, 나도 모르게 발현되는 이 기질로 인해 삶에서 성공도 하고 인정도 받고 행복을 느끼기도 하지만, 반면 이 기질로 인해 실패하거나 사람들에게 오해받기도 하고 불행을 느끼기도 함을 알게 돼요. 이런 기질의 빛과 그림자 다시 말해 재능과 난관을 경험하며, 자신만의 삶을 만들어가게 돼요. 이는 곧 자신을 사랑하고 수용하는 과정으로 이어져요. 자신이 어떤 기질을 가졌는지를 알게 되면, 우리는 더 이상 다른 사람과 자신을 비교하지 않게 돼요. 무의식적인 강한 첫 추동과 역동으로서의 기질은 억누르거나 변화시키려고 할 것 이라기보다 그것을 활용해 자신의 기질에 맞는 삶의 방식을 찾아가며, 그 안에서 진정한 행복을 느낄 수 있다는 걸 알게 됩니다.

결국, 기질이란 각자에게 주어진 하나의 배움의 기회이자, 삶의 미션이에요. 이는 단순히 우리가 타고난 성격적 특성에 그치는 것이 아니라, 기질을 통해 우리는 자신을 발견하고, 타인을 이해하며, 자신의 삶을 더욱 의미 있게 만들어갈 수 있어요. 그리고 그 과정에서 우리는 기질로 인해 겪게 되는 빛과 그림자 기질로 인한 성공과 실패를 모두 받아들이며, 자신의 삶을 완성해 나가게 돼요. '성격 또는 기질이 운명이고 팔자이다' 라는 말도 있지요. 이렇듯 우리는 자신의 기질을 잘 이해하고 나와 세상에 유익한 방향으로 건강하게 성숙하게 활용하면서, 삶을 헤쳐 나가야 해요. 기질을 알고 다루어 나가는 것 자체가 각 사람에게 주어진 삶의 미션이에요.

소명과 운명 그리고 기질과 타고난 이미지를 통합해, 유전자와 환경만으로는 설명할 수 없는 인간 본질에 관한 이론을 통해 기존의 심리학 이론들을 뿌리째 뒤흔든 가장 위대한 석학 중 한 명인 제임스 힐먼은 아래처럼 이야기해요.

> 우리는 학계 심리학, 과학적 심리학, 심지어 상담심리학의 피해자다. 그들 패러다임은 개별적으로 인간 삶의 중심에 놓인 본질적인 불가사의한 소명 의식을 충분히 설명하거나 활용하지도 못할 뿐 아니라 그것을 그냥 무시해버린다. … (중략) 각 개인은 어떻게 살아야 할지 요청받고 그 삶을 살아가기

이전에 이미 존재하는 고유성을 지니고 있다.

《 나는 무엇을 원하는가, 제임스 힐먼/나무의 철학 》

03. 받아들임의 중요성

우리는 수많은 배움을 얻으며 살아가요. 그 중에서 가장 중요한 덕목 중 하나는 바로 '받아들임'이에요. 받아들임은 체념이나 포기가 아니라, 있는 그대로 직면하고 본질을 보는 지혜를 뜻해요. 이는 나라는 사람의 좋은 점과 부족한 점 모두를 수용하는 것에서부터 내 삶에서 일어나는 모든 경험들, 그리고 나와 전혀 다른 타인까지도 있는 그대로 받아들이는 것을 포함합니다. 이러한 받아들임은 인간이 변화하고 성장하는 데 있어 가장 중요한 요소가 돼요. 왜냐하면 받아들이지 않는다는 것은 저항하는 것을 의미하거든요. '난 이런 내가 너무 싫어. 왜 내 삶은 이런 거지? 저 사람은 도대체 왜 저러는 거야?' 라는 식으로 나와 삶의 경험 혹은 타인을 받아들이지 않고 저항하게 되면 우리는 경험적 사실을 왜곡된 관점으로 판단하게 돼요. 그리고 자기 자신, 자신의 삶의 문제, 타인의 말과 행동으로 인해 더욱 더 큰 괴로움과 스트레스를 받을 수밖에 없기 때문이에요.

삶에서 일어나는 사건이나 불편한 갈등과 충돌들을 대할 때, 그것을 직면하고 인정하고 받아들이지 않는다면, 우리는 그 사건과 일의 본질을 볼 수 없게 돼요. 받아들이지 않고 저항하는 순간, '왜 하필 나에게? 왜 지금? 왜 이런 일이?'등의 복잡한 생각들이 떠오르며, 삶이 괴롭게 느껴지고 오지 않은 미래가 염려되면서, 외부의 원인을 찾아 누군가에게 책임을 전가하고 싶은 마음이 들기 마련이거든요. 그렇게 마음이 방황하게 돼요. 받아들였을 때만이 우리는 모든 것의 맨 얼굴. 본질을 마주하고 그 현재에 집중해 문제를 해결해 나갈 수 있어요.

명상에서도 받아들임의 중요성에 대해 많이 이야기해요. 명상은 단순히 마음을 고요하게 하는 것이 아니라, 있는 그대로를 바라보고 수용하는 훈련이기도 해요. 이는 우리에게 삶의 본질을 깨닫게 하고 진정한 지혜로 이끕니다. 받아들임은 우리에게 감정과 생각의 흐름을 관찰하게 해서, 그것들이 어떻게 일어나고 사라지는지 볼 수 있게 해 줘요. 이를 통해 우리는 고통과 스트레스를 피하려고 애쓰지 않고, 그것들과 함께 존재할 수 있는 능력을 키우게 되고요. 이것이 바로 받아들임의 힘이에요.

그 중 무엇보다 중요한 것은 자신을 받아들인다는 것이에요. 자신의 모든 면을 있는 그대로 인식하고 수용하는 것이요. 우리는 종종 자신의 결점과 약점을 부정하거나 숨기려고 하는데요, 자기 수용은 이러한 부분들을 인정하고, 그것들이 우리 자신을 구성하는 중요한 요소임을 받아들이는 것이에요. 나의 타고난 기질을 이해하고 받아들인다는 것은 그 기질로 인해 일어나는 내 안의 느낌, 생각, 판단을 품을 수 있게 해 주는 중요한 자원이 돼요. 이는 자존감을 높이고, 자기 이해를 깊게 하며, 자신과 더 깊은 연결을 맺게 해요. 또한 내 기질로 인해 만나게 되는 삶의 난관들까지도 받아들이게 되면, 더욱 성장하고 성숙한 자신이 됩니다.

나 자신을 받아들이는 것 못지않게 타인을 받아들인다는 것도 중요해요. 나의 있는 모습 그대로를 인정하고 받아들이듯, 그들의 있는 그대로를 인정하고 존중하는 것이에요. 우리는 종종 타인을 나의 기대나 기준에 맞추려고 하며, 그렇지 않을 때 실망하거나 화를 내요. 그러나 타고난 기질로 인한 것임을 알고, 타인이 무의식적으로 느끼고 판단하는 것을 이해한다면, 우리는 그들을 왜곡된 시선으로 보지 않고, 그들의 본질을 있는 그대로 받아들일 수 있게 돼요. 그것은 그들의 의도와 무관하게 자동적으로 일어나는 강력한 내적인 추동이자, 그들에게는 의미 있는 삶을 살고자 하는 방향성의 빛깔인 것이니까요.

명상과 기질공부 그리고 영성공부를 통한 성장 중 매우 중요한 것 중 하나는, 바로 자신과 타인 그리고 삶의 경험 모든 것들을 받아들이는 힘이 커진다는 거예요. 나를 향해 날아오는 공을 양 손바닥으로 밀어내고 튕겨내면 그 공은 나를 벗어나 버려요. 그리고 다시 내게 날아오기를 반복해요. 나, 타인, 삶의 경험도 받아들이지 않고 밀어내고 저항하면 나를 벗어나버려요. 그리고 다시 나에게 날아오고 날아오고 반복된 경험을 일으켜요. 내가 몸을 뒤로 빼 살짝 물러나며 양팔로 안아 받아들여야 공이 내 안에 들어와 안겨요. 삶도 그러해요. 우리가 저항과 회피 대신 수용과 직면을 선택할 때 우리는 더 깊은 자아 인식을 얻고, 삶의 모든 순간을 더 충만하게 경험할 수 있어요. 삶의 길흉화복이 오고가지만, 흉화에 크게 휘둘리지 않고 그것을 직면해서 받아들이게 돼요. 더 나아가 흉과 화라는 것도 결국 길과 복의 또 다른 모습일 뿐이라는 본질적 특성을 이해하게 돼요. 이는 우리에게 더 큰 평화와 만족을 가져다줘요. 진정한 변화와 성장을 가능하게 하고요. 이처럼 받아들임은 인간으로서 성장하고 변화하는 데 있어 가장 중요한 덕목 중 하나예요. 자신을, 삶을, 타인을 있는 그대로 받아들이는 것은 우리에게 진정한 지혜와 평화를 가져다주고, 더 나은 삶을 위한 길을 열어 줘요. 하지만 이것은 말만큼 쉬운 일이 아니에요. 저도 여전히 성장의 길을 가고 있지만, 지금처럼 나, 타인, 삶의 경험을 받아들이고 직면하는 힘을 키우는 데 참 많은 것들을 배우고 경험했어요. 이 기질을 이해하는 과정도 매우 큰 역할을 했고요. 많은 분들이 저와 같은 경험을 기질진단 기반의 코칭을 통해 경험하시는데요. 그런 의미에서, 한 사례를 나누어 볼게요.

〈기질 코칭 사례05〉

인간관계에서 첫날은 의욕적이고 잘해 보자 하고 으쌰으쌰 했다가 뭔가 안 맞으면 의욕이 꺾여서 "조울증 있냐? 너 너무 변덕스럽다"고 이야기 듣기도 했어요. 그렇게 다시 다운되는 모습을 보일 때, 타인이 나를 이해하지 못할 때 힘들었었어요. ○○ 활동기능과 ○○ 쉼기능의 차이가 커서 더 변화무쌍 했던 것 같아요. 아니다 싶은 것들은 말하고 보는 기질인데, '어른이 이야기하면 들어야지. 이건 아니지 않냐고 말하는 스타일. 그게 너는 솔직하다고 하는데. 이럴 땐 나서지 말아야 한다. 당돌한 거다'라는 말을 들을 때 나 자신을 비판했는데 그런 나를 이해할 수 있게 되었어요.

이렇게 언어로 구체적으로 정리해 주기 전까지는 뒤죽박죽 많이 헷갈렸어요. 내가 이중인격자인가 싶었어요. 어떤 때는 활발하고 어떨 때는 내성적이고. 저는 그게 다 그냥 환경 탓이라고 생각했거든요. '내가 이런 천성과 현재성을 갖고 있어서 지난 과거를 그렇게 살아왔었구나' 하는 것을 알게 되었고요. 내 진로와 적성 그리고 직업선택에 있어서 천성이 강하게 연결되어 있다는 느낌을 받았어요. 나를 더 사랑할 수 있을 것 같은 느낌. 자유로운 느낌. 벅찬 느낌이 들어요. 다른 사람들이 가끔 내 행동, 말, 생각들을 이해 못 해 주는 순간들이 있었는데 그것들에서 벗어나고 해방된 느낌이에요.

내 고유한 천성기질이 나를 더 나답게 만들어 준다는 걸 알게 되어 기쁘고요. 내 내면 속에 행복의 비결이 있었구나 싶어요. 나의 행동에 더 자신감이 생기고 마음의 평화가 왔어요. 자기계발욕구가 강해짐도 느껴요. 미래 설계에 헷갈림이 덜하고 성공확률이 높아질 것 같아요.

자신감이 더 생기고 그래요. PRIS 프로파일을 남자친구랑 엄마한테 보여 줬는데요. 남자친구는 "완전 너다!"라고 하고요. 엄마도 "맞아 너 그랬었어" 이렇게 이야기하셨어요. "유별나게 질문이 많았었지"라면서요. 엄마는 그 때 마다 "너가 직접 찾아봐"하시고 책도 많이 읽게 해 주셨어요. 엄마 자체가 다양한 것을 경험시켜 주셨었구나 싶어요. 전시회, 강연, 도서관 이런 곳을 많이 데려가 주셨어요. 엄마가 초등학교 교사이시니까 가르쳐주는 것도 계속 들어왔어요. 덕분에 제 천성재능이 더 강화된 것 같아요.

더 큰 섭리가 내게 준 천성의 존재와 고유성 그것을 내게 준 이유. 천성에 좋고 나쁨이 없다는 것과 천성기질을 살리면 세 마리 토끼를 잡을 수 있다는 것과 성취와 안정욕구의 존재, 이 모든 것들이 새로웠고요. 모르고 살면 되게 손해이겠구나 싶어요.

주변 사람들 혹은 방황하고 힘들어하는 사람들에게 추천해 주고 싶어요. 더 큰 섭리가 나에게 준 것이기 때문에 잘 발전시키고 성숙시켜서 내 삶을 잘 갈무리하고 싶어요.
조금이라도 더 젊을 때 알게 돼 다행이다 싶고요. 계속 곱씹으면서 소화해야겠다고 생각해요. 고유하고 사랑스런 내 천성을 알고 나니 내 스스로가 더 좋아졌어요. 나 자신을 아는 게 너무 중요한데 어디서부터 어떻게 시작해야 할지 갈피를 못 잡고 있었는데요. 이번 기회가 너무 감사합니다. 나를 알고 나서 깊이 있게 파고드니 그동안 PRIS를 모르고 산 내가 가여워지기도 하고 모르면서 잘 살아온 내가 대견하기도 하고 그래요. 나를 더 사랑해 주고 예뻐해 줘야겠다 싶어요.

[연구참여자 내러티브, 이주아, 2019, "MT-다원재능의 활동기능과 쉼기능이 자기수용과 타인수용에 미치는 영향에 관한 내러티브 연구" 논문 113쪽]

04. 기질과 자기중심성에 대한 깨달음

기질을 알게 되면 우리는 자신이 어떻게 세상을 경험하고, 타인과 상호작용하는지를 이해하게 돼요. 더 나아가 이 과정에서 우리는 또한 우리가 얼마나 자기중심적으로 살아가고 있는지를 직면하게 돼요. 저 또한 이른 시기에 시작한 명상공부와 자기계발 공부들이 저를 크게 변화시키고 성장시켰다고 생각했었는데요. 기질을 통해 저를 알고 나니, 결국에는 내 기질의 욕구를 충족시키고, 내 옳고 그름과 좋고 싫음에 따라 움직이고 있었음을 자각하게 되었어요. 성격변화로 더 성숙해진 부분도 있는 것이 사실이지만, 결국에는 기질적 추동이 저를 이끌어가고 있더라고요. 기질을 통한 자기이해를 통해 태어나서 살아온 어린시절. 청소년시절. 성인시절 등을 돌아다보니, 매 순간 철저하게 내 중심이었다는 걸 확인할 수 있었어요. 선한 의도로 시도했던 것들조차 결국에는 그렇게 해야 내 마음이 편하고, 그렇게 해야 내 자신이 납득되기 때문이었음을 알게 되었어요. 기질진단기반으로 코칭을 받은 대부분의 내담자분들은 매우 겸허해지는 자신을 발견했다고 이야기해요. 기질이라는 무의식적 필터가 얼마나 강력한 무의식의 운전대인지도 새삼 알게 되었다고 이야기하고요. 아주 구체적으로 기질을 통해 자신을 이해하다 보면, 인간존재가 가진 자기중심성이 매우 실질적으로 경험적으로 와 닿는 깨달음을 얻게 되는데요. 그렇다 보니, 그 누구를 향해 함부로 평가하거나 삿대질하기가 어려워져요. 이 모든 생각, 판단, 행동이 결국 내 기준일 뿐이고 내 중심성일 뿐이기에, 그 어떤 것도 온전한 해석이 아닌 내 중심의 판단일 수밖에 없다는 것을 철저하게 직면하게 되거든요. 깊은 명상이나 기도 등의 행위에서 자신의 틀을 내려놓고 모두가 연결된 하나, 경계없는 하나를 자각하고 경험하게 되는 그 순간이 존재하는데요. 눈 깜짝할 사이에 우리는 다시 또 내 중심성으로 올 수밖에 없음을, 그것이 인간임을 머리가 아닌 가슴으로 깊이 깨우치게 돼요. 이 성찰은 나와 타인을 대하는 삶의 태도를 크게 변화시키곤 합니다.

인간의 자기중심성. 어찌 보면 머리로는 알고 있는 사실일 수 있어요. 하지만 그것을 가슴으로 실감나게 느끼고 성찰한다는 것은 전혀 다른 차원의 것이 됩니다. 우리가 있는 그대로의 나를 사랑한다는 말이 아름답고 근사하게 들릴지언정, 정말 자신의 경험으로 체화되는 것은 만만치 않은 것처럼요. 우리의 그 자기중심성을 조금 더 풀어 볼게요.

기질은 우리가 특정 방식으로 느끼고, 판단하고, 행동하도록 이끄는데요. 이러한 반응이 항상 타인에게도 적절하거나 유용하지 않을 수 있어요. 이로 인해 우리는 자신이 생각하는 '옳음'이 반드시 다른 사람에게도 '옳은 것'이 아닐 수 있음을 인식하게 돼요. 우리가 누군가를 배려할 때, 그것은 타인을 위하는 것처럼 보일 수 있어요. 상대방을 위해 무언가를 해 주며, 그것이 그들을 돕거나 그들의 삶을 더 나아지게 할 것이라고 믿어요. 그러나 실제로는 그 배려가 상대방에게 꼭 필요한 것이 아닐 수 있죠. 더 나아가, 우리의 배려가 상대방에게 불편함을 주거나, 그들에겐 원하지 않는 간섭으로 느껴질 수도 있고요. 이것은 우리가 타인을 배려하는 방식조차도 결국 우리의 기질과 욕구에 의해 결정된다는 사실을 보여 줘요.

배려는 타인에 대한 관심과 사랑을 표현하는 중요한 방법이에요. 하지만 배려의 본질을 깊이 들여다보면, 그 배려가 꼭 순수한 이타심에서 비롯된 것이 아니라는 것을 알게 돼요. 많은 경우, 우리는 타인을 배려함으로써 자신의 마음을 편하게 하거나, 자신이 옳다고 여기는 기준에 따라 행동하거든요. 이는 결국 자기중심적인 태도의 한 형태예요. 우리는 타인을 위해 무언가를 해 주면서, 사실은 자신의 욕구를 충족시키고 있는 것이에요. 예를 들어, 우리는 누군가에게 도움을 줄 때, 그것이 그들의 필요에 부합하는지 충분히 고려하지 않고, 우리가 옳다고 믿는 방식으로 도움을 주곤 해요. 그 결과, 우리는 자신이 배려를 했다고 느끼지만, 정작 상대방은 그 배려를 고맙게 여기지 않을 수도 어요. 때로는 오히려 그들이 원하지 않던 도움을 받게 되어 불쾌해하거나, 우리의 호의를 부담스러워할 수도 있습니다. 이러한 상황에서 우리는 실망하고 서운함을 느끼게 되는데, 이는 결국 우리가 배려를 통해 기대했던 보상을 받지 못했기 때문이에요. 이와 같은 경험을 통해 우리는 우리의 배려가 실제로는 타인을 위한 것이 아니라, 자신의 기질과 욕구를 충족시키기 위한 행동이었다는 사실을 깨닫게 돼요. 이러한 깨달음은 우리가 얼마나 자기중심적으로 살아가고 있는지를 직면하게 합니다. 이것은 때로는 불편하고 고통스러운 깨달음이기도 하지만, 동시에 우리를 더욱 겸손하게 만들어 줘요.

우리는 자신의 기질에 따라 특정 방식으로 행동하고, 세상을 판단하며, 타인과 관계를 맺어요. 그러나 이러한 행동이 언제나 옳거나 바람직한 것이 아니라는 사실을 깨달을 때, 우리는 자신의 한계를 인정하고, 더 겸손해질 수 있어요. 이 겸손함은 우리가 다른 사람에 대해 옳다 그르다, 맞다 틀리다 라는 판단과 분별을 덜 하게 만들어요. 우리는 자신의 기준에 따라 타인을 평가하거나, 그들이 우리의 기대에 부응하지 않을 때 덜 실망하거나 화를 덜 내게 됩니다. 대신, 우리는 각자의 기질과 경험이 다르다는 사실을 인정하고, 타인의 관점과 반응을 더 이해하고 존중하게 되고요. 거기에서 오는 인간관계 갈등에서 많은 부분 해방감과 자유로움을 경험하게 돼요. 우리가 결국 자기중심적일 수밖에 없다는 것은 그래서 그 기질을 빨리 벗어나야 한다는 것을 의미하지는 않아요. 그러한 사실조차 인정하고 받아들여, 자신과 타인의 기질을 이해하고 존중하는 삶, 그 기질을 나와 타인 그리고 세상에 유익한 방식으로 건강하고 성숙하게 잘 관리하고 활용해 나갈 수 있는 삶을 살아가는 것의 중요성을 이야기해요.

05. 기질, 마음의 씨앗을 통해 본 존재의 연결

우리의 마음은 태어날 때부터 특정한 성향을 가지고 있어요. 이는 마치 씨앗과도 같아요. 씨앗을 알면, 그 씨앗이 어디에서 왔고 어떤 과정을 통해 만들어졌는지를 이해할 수 있듯이, 사람의 기질 또한 그 근원을 탐구함으로써 그 기질이 왜 존재하는지, 어떻게 우리의 삶에 영향을 미치는지를 알게 돼요. 기질을 알게 되면 그 기질이 오게 된 근원에 대해 궁금해지기 마련인데요. 결국 우리는 그 근원을 알게 되고, 그 근원과 연결되게 됩니다. 태어나면서부터 우리에게 주어진 세상을 경험하는 마음의 틀인 기질. 마치 씨앗이 어떤 나무로 자랄지, 어떤 열매를 맺을지 미리 결정짓는 것처럼, 우리의 기질은 우리의 인생에서 어떤 경험들을 주로 하게 될지, 어떻게 그 경험을 해석하고 받아들일지를 예측 가능하게 합니다. 이러한 기질은 우리의 존재와 삶의 본질을 탐구하는 출발점이 돼요.

이 기질은 과연 어디에서 오는 것일까요? 천성기질이라는 말처럼, 하늘에서 오는 것일까요? 자연에서 오는 것일까요? 우주에서 오는 것일까요? 아니면 우리 인간이 알 수 없는, 더 깊고 신비한 곳에서 오는 것일까요? 정답은 없어요. 우리는 각자 나름의 방식으로 이 질문에 답을 찾을 수 있어요. 만약 내가 종교가 있다면, 나는 내가 믿는 종교의 절대자에게서 기질이 왔다고 생각할 수도 있을 거예요. 어떤 사람들은 자연의 힘이나 우주의 신비한 에너지가 우리의 기질을 형성한다고 믿을 수도 있고요. 불교와 힌두교, 동양종교와 철학에서 언급하곤 하는 '행위'라는 뜻을 가진 산스크리트어에서 유래한 카르마라고 말할 수도 있을 거예요. 이때의 기질은 다양한 인과에 의해 생겨난 것이라고 볼 수 있겠죠. 중요한 것은 기질의 근원이 무엇이든, 우리가 우리의 기질을 이해하고, 그것을 통해 우리 자신의 본질과 존재의 의미를 탐구할 수 있다는 거예요.

우리가 기질을 이해하기 시작할 때, 우리는 자연스럽게 그 기질이 온 근원에 대해 생각하게 됩니다. 왜 이 기질이 나에게 주어졌을까? 이 기질을 통해 나는 무엇을 배우고, 어떤 삶을 살아가게 될까? 이 질문에 대한 답은 각자 다를 수 있지만, 중요한 것은 우리가 우리의 기질을 수용하고, 그것을 통해 우리 삶의 목적을 발견하는 거예요. 자신이 생각하는 모든 생명의 창조의 근원이 무엇이든 간에 이러한 질문들은 우리가 우리 자신뿐만 아니라, 우리가 믿는 근원에 대해 더 깊이 이해하게 만들어요. 우리가 기질을 탐구하고, 그것을 통해 우리의 삶을 해석할 때, 우리는 그 근원과의 연결을 더욱 깊게 느끼게 돼요. 이러한 연결은 단순히 인지적인 이해에 그치지 않아요. 그것은 우리의 존재의 심층적인 부분에서 일어나는 영적인 경험이기도 해요. 기질을 통해 우리는 우리를 존재하게 한 근원, 그리고 그 근원의 사랑과 지혜를 경험하게 됩니다. 이것은 우리가 우리 자신을 더 깊이 사랑하고 수용하게 만들며, 나아가 세상을 더 넓은 시각에서 바라보고 이해하게 해요.

06. 기질을 다루는 깨어 있는 훈련으로서의 마음챙김명상

기질은 우리 무의식속에서 삶의 모든 자극에 대해 자동적으로 그 틀에 기반해 느끼고 생각하고 판단하고 말하고 행동하게 하는 강력한 마음의 프레임이자 틀이에요. 앞서 이야기했듯이 세상 모든 것이 그렇듯 기질도 빛과 그림자 즉 재능과 난관이라는 양면성을 가지고 있어요. 빛이 있기에 그림자가 있듯이 기질이 행복의 방향성, 살맛나는 코드, 심리재능으로 우리 삶에 빛의 역할을 하기도 하지만, 때로는 기질로 인해 실패, 불행, 오해 등을 경험할 수밖에 없는 것입니다. 모든 기질은 재능이지만 결국 모든 재능은 그 재능으로 인한 난관을 또한 만날 수밖에 없다고 이야기했어요. 그래서 난관이 없이 마냥 빛의 역할만 하는 기질은 없기에, 모든 기질은 저마다의 재능과 난관을 가졌기에, 다른 기질을 부러워할 것도 없어요. 이처럼 기질은 우리 삶에 강력한 영향을 미치는 동시에, 우리의 재능과 한계를 동시에 나타냅니다. 예를 들어, 추진력이 있는 기질은 그 추진력으로 기회를 놓치지 않고 빠르게 성과를 내고 성공을 할 수도 있지만, 때로는 그 추진력이 성급함이 되어 뜻하지 않은 어려움을 겪게 될 수도 있어요. 반면 신중한 기질은 예측되는 어려움에 미리 대비하고 안정을 유지하는 데 탁월함을 발휘할 수 있지만, 그 신중함으로 인해 기회를 놓치고 후회하게 되는 경험을 할 수도 있고요.

기질의 이중성을 다루는 것은 단순하지 않아요. 기질이 주는 재능적인 부분을 살리는 것은 비교적 쉬운 일일 수 있어요. 나도 모르게 그 방향으로 느끼고 생각하고 행동하게 하는 추동성이 있으니까요. 하지만, 그로 인한 난관을 다루는 것은 또 다른 문제예요. 그 추동성에 브레이크를 걸어야 할 때는 브레이크를 걸 수 있는 힘이 필요하고, 브레이크를 걸어야 할 때인지를 구분할 줄 아는 지혜가 필요하기 때문이에요. 무의식적 추동으로 자동반응하며 행동하는데 그것이 늘 긍정적인 결과를 가져오거나 옳은 방향은 아닐 수도 있어요. 이것은 자신의 기질을 부정하거나 억누르는 것이 필요하다기 보다는 지금 이 기질의 발현이 나에게 유익한가, 타인에게 유익한가, 세상에 유익한가, 지혜로운 반응인가 등을 알아차릴 수 있는 마음의 여유 혹은 공간이 필요하다는 뜻이에요. 기질을 나와 타인, 세상에 유익함을 주는 건강한 방향으로 활용하고, 더 지혜로운 선택을 하는 데 잘 쓰일 수 있도록 하는 게 필요해요. 때로는 내 안에서 올라오는 무의식적인 옳고 그름, 좋고 싫음의 잣대가 되는 기질의 추동을 알아차리고, 가면을 쓰는 것 또한 필요할 수 있어요. 가면이라는 것은 자기방어를 위해 쓰거나, 자기를 위장하기 위해 쓸 수도 있지만, 상황과 분위기상 더 지혜로운 선택, 주변과 조화를 이루기 위한 선택을 해야 할 때도 쓸 수 있어요. 깨어서 알아차리는 힘이 없다면, 그런 지혜를 발휘하지 못하고, 상황과 맥락에 맞지 않는데도 자신의 기질에 갇혀 고집부리며 조화로움을 방해할 수도 있겠지요. 무의식적인 강력한 내적 추동인 기질에 어쩔 수 없이 휘둘리는 무방비 상태의 말과 행동이 아니라, 깨어서 알아차리는 힘을 가지고 기질을 잘 조율하는 것이 중요한 이유입니다.

앞서 저는 동양의 운명학인 사주명리학과 서양의 운명학인 점성학도 공부를 했었다고 이야기했었는데요. 어찌 보면 그 보다도 더 운명에 대한 설명으로 와 닿았던 정의는 심리학자 칼 구스타프 융이 말한 아래 메시지예요.

"무의식을 의식화하지 않으면 무의식이 우리 삶의 방향을 결정하게 되는데, 우리는 바로 이런 것을 두고 운명이라고 부른다."

여기에서 무의식을 의식화하는 훈련이 바로 마음챙김훈련이에요.

마음챙김명상에서 깨어 있기 훈련, 마음챙김훈련을 많이 실습하게 됩니다. 마음챙김명상은 우리에게 기질을 건강하고 유익하게 활용할 수 있도록 깨어 있는 힘을 키워 줘요. 마음챙김은 지금 여기에서 일어나는 내면의 욕구, 느낌, 생각과 판단은 물론 외부의 환경과 자신의 말과 행동 등에 주의를 두어, 자신의 경험을 깨어서 지켜보고 알아차리는 것. 그리고 그것을 있는 그대로 받아들이는 훈련이기도 해요.

기질을 안다는 것은 나라는 존재를 깊이 이해하는 과정이에요. 기질은 나의 에고, 즉 이분법적 개념 즉 선과 악, 옳고 그름, 좋고 싫음 등 두 가지 개념으로 나누어 판단하는 세상에서 선과 악 사이를 오가는 인간적인 나를 이해하게 해 줍니다. 하지만 기질을 이해하는 것만으로는 충분하지 않아요. 기질을 제대로 다루기 위해서는 마음챙김이 필요합니다. 마음챙김명상은 우리를 깨어 있게 하여, 우리가 가진 기질을 건강하게 활용할 수 있도록 도와줘요. 이는 단순히 기질의 장점을 극대화하는 것이 아니라, 그 기질이 가져올 수 있는 어려움이나 문제를 잘 다루고 조절하는 능력을 키우는 것이에요.

마음챙김은 우리가 무엇을 변화시킬 수 있는지, 그리고 무엇이 변하지 않는 본질인지를 구분하게 도와줘요. 기질은 그 사람만의 고유한 빛깔이자 재능이고 행복의 방향성이기에 바꿀 필요도 없고 바꾸기도 쉽지 않지만, 마음챙김을 통해 우리는 기질이 우리 삶에 미치는 영향을 조절할 수 있어요. 기질은 변하지 않는 우리의 본질적인 부분이지만, 그 기질이 우리의 생각과 행동을 어떻게 이끄는지는 알아차리고 더 건강하고 성숙한 방향으로 조율해 나갈 수 있어요.

예를 들어, 분노의 상황에서 마음챙김을 통해 자신의 분노를 관찰하고, 그것이 어떤 상황에서, 왜 발생하는지 이해하게 되면, 분노에 휘둘리지 않고, 그 감정을 건강하게 표현하고 다룰 수 있는 방법을 선택할 수 있게 돼요. 이는 마치 폭풍을 맞은 배가 돛을 조절하고 방향을 바로잡아 안전하게 항해를 계속할 수 있는 것과 같아요. 우리는 기질을 바꿀 수는 없지만, 그 기질이 우리 삶에 미치는 영향을 조절할 수 있는 능력을 마음챙김을 통해 배울 수 있어요. 마음챙김을 통해 나답게 성공하고 행복을 누리는 삶, 내가 가진 기질적 재능으로 세상에 기여하는 삶에 더욱 유익한 방향으로 기질을 쓸 수 있게 돼요.

07. 인생의 첫 번째 자원인 기질과 마음챙김

저는 어쩌다 보니 인간의 몸과 마음 그리고 삶의 희로애락과 길흉화복에 대한 깊은 의문을 중학생 때 품게 되었다고 서두에 서술했어요. 그리고 중.고등학교 때 방황 끝에 명상을 만나면서, 많은 부분 의문이 해소되었고, 그 여정에서 다양한 공부들을 하고 체험과 지도들을 하며 성장해나가고 있어요. 지금은 마음챙김명상, 기공명상, 싱잉볼명상, 심력통합명상, 웰다잉명상의 교육과 지도자양성과정들, 그리고 기질진단기반 심리. 진로코치 양성, 메디컬 아로마 전문가 양성 수면코칭과 라이프스타일 의학 등 다양한 교육을 하고 있어요.

그런데 그 중 단 두 가지만 해야 한다면, 전 기질진단을 통한 심리, 진로코칭과 마음챙김명상을 선택할 거예요. 이 책에 깊은 모든 내용을 다 담을 수는 없지만, 저는 기질과 마음챙김이 인간으로 태어나 가장 먼저 알고 배워야 할 중요한 것이라고 생각해요. 기질공부는 나답게 살아가며 인간존재의 본질을 성찰하고 성장하게 하는 자기 자신을 이해하는 첫걸음이고요. 마음챙김은 그 자동반응적으로 올라오는 내면의 기질을 건강하고 유익하게 활용할 수 있게 깨어서 볼 수 있도록 돕는 공부예요. 더 나아가 에고적 차원의 나인 기질적 나와 기질을 초월한 나의 실체에 대한 공부를 하도록 안내하는 첫걸음이에요. 이를 통해 우리는 더 나은 삶을 살 수 있는 힘을 얻게 돼요.

기질과 마음챙김은 우리에게 주어진 강력한 자원이에요. 우리가 이 자원을 어떻게 활용하느냐에 따라 우리의 삶은 크게 달라질 수 있어요. 기질을 제대로 이해하고, 마음챙김을 통해 그 기질을 건강하게 활용하는 것은 우리 삶의 질을 높이고, 더 나은 세상을 만드는 첫걸음이 돼요. 우리는 이 과정을 통해 잠재력을 최대한 발휘하고, 자신의 삶을 더욱 풍부하고 의미 있게 만들 수 있어요. 결국, 기질과 마음챙김은 인간 이해의 첫걸음이자, 행복한 삶을 위한 필수적인 요소예요. 각자가 타고난 자신의 고유한 특성인 기질을 잘 이해하고 다루는 것이 삶을 풍요롭게 만드는 열쇠입니다. 마음챙김을 통해 우리는 그 기질을 건강하게 활용하고, 자신의 삶을 더욱 빛나게 만들 수 있어요. 더 나아가 기질적 나를 초월한 본래 우리의 정체성이 무엇인지를 깨닫게 되기도 하고요. 이렇듯 기질과 마음챙김은 우리가 태어나 가장 먼저 배우고 알아야 할 공부이며, 우리의 삶을 더욱 풍부하고 의미 있게 만드는 소중한 자원입니다.

수많은 자기계발, 영성 공부나 명상 등의 공부에서 강조하는 것이 있어요. 옳고 그름의 기준. 좋고 싫음의 이분법적인 기준을 자기 내면에서 알아차리고 잘 조율할 수 있어야 한다는 것인데요. 우리가 삶을 살아가면서 느끼는 감정의 기저에도 결국에는 옳고 그름과 좋고 싫음의 기준이 잣대가 되고 있음을 볼 때 그 기준을 본다는 것은 매우 중요한 일이에요. 이제 나의 그 기준들을 제대로 알아보자고요. 그것이 바로 천성기질이에요. 마음챙김명상을 통해 그 기질의 자동반응을 알아차리고 선물처럼 받아온 재능인 기질로 나와 세상을 유익하게 만들어가 봐요. 그리고 마음챙김을 통해, 기질이 온 그 근원과 경계없는 우리의 본질과 하나 될 수 있어요. 인간으로 태어나 기질과 마음챙김명상은 무조건 빨리 알아야 해요. 기질만 알아도 반쪽짜리 공부가 되고, 마음챙김명상만 알아도 반쪽짜리 공부가 돼요. 많은 사람들이 이 두 가지 공부를 통해, 양 날개로 날아오르듯 세상을 향해 맘껏 비상할 수 있으면 좋겠어요.

> "삶의 의미는 자신의 재능을 찾는 것이고, 삶의 목적은 그 재능을 세상에 선물로 주는 것이다." —파블로 피카소

08. 아이와 함께 읽는 기질과 마음챙김명상 이야기

이 부분 역시, 기질과 마음챙김명상을 아이와 함께 이해하는 데 도움을 드리기 위해 동화식으로 적었어요.

네 형제와 네 가지 기질의 이야기

옛날 옛적, 산과 들이 어우러진 작은 마을에 네 명의 형제가 살고 있었어요. 이들은 같은 부모님 밑에서 자랐지만, 각자 마음속에 서로 다른 생각과 감정을 품고 있었지요. 형제들은 늘 자기가 옳다고 생각하며 살아갔지만, 서로를 이해하지 못해 다투는 날이 많았습니다. 어느 날, 형제들은 고민 끝에 마을의 지혜로운 노인 할아버지를 찾아갔습니다. 할아버지는 오래전부터 마을 사람들의 상담을 해 주는 지혜로운 분이셨어요. 형제들은 각자 자기만의 고민을 풀어줄 수 있길 바라며 할아버지 앞에 모였습니다.

형제들은 각자의 고민을 털어놓기 시작했어요. 첫째가 먼저 말했습

니다. "할아버지, 저는 가족이 가난한 게 너무 싫어요. 우리 가족을 더 잘 살게 만들고 싶어요. 그래서 열심히 일해서 부자가 되려고 해요."

둘째가 덧붙였습니다. "저는 이 집을 벗어나고 싶어요. 넓은 세상을 여행하며 자유롭게 살고 싶어요. 하지만 어떻게 해야 할지 모르겠어요."

셋째가 차분히 말했어요. "저는 부모님이 너무 안쓰러워요. 힘든 일을 하시는 부모님을 도와드리고 싶어요. 그런데 어떻게 하면 더 도울 수 있을까요?"

마지막으로 넷째가 작게 속삭였습니다. "저는 다른 사람들과 어울리는 게 좋아요. 혼자 있는 시간은 견디기가 힘들어요. 많은 사람들과 머물며 계속 누군가와 함께 있고 싶어요."

할아버지는 형제들의 이야기를 듣고 잠시 눈을 감고 생각에 잠기셨어요. 그리고는 따뜻한 미소를 지으며 말씀하셨습니다. "너희들 모두 같은 부모 밑에서 자랐지만, 각자 다른 기질을 가지고 있구나. 그 기질이 너희들이 세상을 보는 방식을 결정하는 거란다. 너희들은 각기 다른 기질을 가지고 있어." 형제들은 할아버지의 말에 귀를 기울였어요.

할아버지가 첫째를 바라보며 말했습니다. "안정과 풍요를 추구하는 첫째야. 너는 흙처럼 모든 것을 품고 지지하며, 안정감과 포용력을 가지고 있지. 너는 풍요를 통해 가족과 함께 삶의 안정을 누리기를 원하는 마음이 큰 아이란다. 하지만 흙이 너무 단단해지면 다른 것들이 자라기 힘든 것처럼, 욕심이 지나치면 자칫 다른 것들을 흐려지게 할 수 있단다. 중요한 건 네가 가진 욕망을 잘 다스리면서, 네가 이루고자 하는 목표를 향해 꾸준히 나아가는 것이란다."

첫째는 고개를 끄덕이며 자신의 마음 속 깊은 곳에서 일어나는 안정에 대한 욕구와 풍요를 사랑하는 가족와 함께 나누고자 하는 마음을 이해하게 되었습니다. 이제 그는 그 욕심을 잘 조율하며 목표를 구체적으로 세워 한 걸음씩 전진해 나갈 것이라고 결심했어요.

할아버지는 둘째를 보며 말했습니다. "열정적이고 자유로운 둘째야, 너는 마치 불처럼 뜨겁고 자유롭게 타오르며, 언제나 위를 향해 올라가려 하지. 그래서 너는 넓은 세상을 탐험하고 자유를 누리고 싶은 마음이 크구나. 하지만 불은 통제되지 않으면 주변을 태워버릴 수도 있어. 네가 가진 열정을 잘 조절하면, 너의 꿈을 이룰 수 있을 거야. 열정은 너의 강점이지만, 때때로 그 열정을 다른 사람과 나누며 조화를 이루는 법을 배워야 한단다."

둘째는 자신의 마음이 불처럼 뜨거웠음을 이해하며 고개를 끄덕였습니다. 이제 그는 자신의 열정이 다른 사람들에게 상처를 주지 않도록 조심하면서, 더 큰 세상을 향해 나아갈 준비를 하기로 했어요.

셋째에게 할아버지는 따뜻한 눈빛으로 말했습니다. "유연하고 온화한 셋째야, 너는 물처럼 유연하고 온화해서 다른 것들과 쉽게 섞이면서도 어디든 흘러갈 수 있지. 너는 부모님을 돌보고, 주변 사람들을 돕고 싶어 하는 마음이 큰 아이란다. 네가 가족을 돌보고 싶어 하는 마음도 물처럼 다른 사람들과 조화를 이루며 살고 싶은 마음에서 나온 거란다. 하지만 물은 흐르지 않으면 고이게 되듯, 너도 너무 많은 책임을 짊어지려 하면 너 자신이 힘들어질 수 있단다. 때로는 네 자신을 돌보는 것도 중요해."

셋째는 할아버지의 말을 듣고 자신의 마음이 늘 주변을 돌보는 데 쏠려 있었음을 깨달았어요. 이제 그는 자신을 돌보는 법도 배우며, 부모님을 돕는 데 있어서도 지혜롭게 행동하기로 마음먹었어요.

할아버지는 마지막으로 넷째를 바라보며 따뜻하게 말씀하셨습니다.

"표현력이 좋고 사교성이 좋은 넷째야, 너는 마치 공기처럼 모든 곳에 스며들어 사람들과 교류하고 소통하는 걸 즐기는 아이란다. 공기는 끊임없이 흐르며 여기저기 흩어져서 세상 곳곳에 스며드는 성질을 가지고 있지. 그래서 너는 사람들과 어울리며 배우고, 또 네가 아는 것들을 전해 주는 걸 참 좋아하구나. 이처럼 공기는 세상과의 연결을 통해서만 진정한 가치를 발휘한단다."

"하지만 공기가 너무 빠르게 흐르거나 온 곳을 채우려 하면 다른 것들과 부딪히거나 어지러울 수 있어. 너도 네 속도가 아닌 다른 사람의 속도에 맞추려 하다 보면 마음이 지칠 수 있단다. 소통과 교류를 좋아하는 네 마음은 참으로 멋진 선물이지만, 네 자신에게도 충분한 시간을 주며 그 속에서 배우는 여유를 가질 필요가 있단다. 그러면 너는 훨씬더 많은 사람들에게 따뜻한 공기처럼 필요한 존재가 될 수 있을 거야."

넷째는 할아버지의 말을 듣고 고개를 끄덕였습니다. 세상과 교류하고 배우는 시간을 좋아했지만, 가끔은 너무 많은 소통에 지칠 때도 있었음을 깨달았죠. 이제 그는 자신의 속도와 방식으로 사람들과 교류하고, 배움과 가르침을 통해 기쁨을 느끼며 자신의 시간을 소중히 여겨야겠다고 마음먹었습니다. 넷째는 앞으로도 다양한 사람들을 만나며 삶을 배워 가겠지만, 자신의 리듬을 지키면서 소중한 사람들에게 따뜻하게 스며드는 '공기' 같은 존재가 되기로 결심했어요.

할아버지는 형제들에게 기질을 이해하는 것이 얼마나 중요한지 설명했어요. "너희들은 각자의 기질을 통해 세상을 살아가고 있단다. 중요한 것은 너희 각자의 기질을 존중하고, 그것을 잘 다스리는 법을 배우는 거야. 모든 사람들은 자신의 기질로 성공도 하고 행복함도 느낄 수 있지만, 그 기질로 인해 실패하거나 불행하다는 느낌을 가질 수도 있어. 이렇게 기질에는 빛과 그림자가 있기에, 너희가 자신의 기질을 잘 알고 기질을 잘 경영하는게 삶에서 매우 중요하단다. 마치 게임 속 주인공처럼 너희는 각자의 타고난 기질로 세상을 느끼고 경험하면서 성공적으로 기질을 경영하는 미션을 가진 것과도 같아. 그 속에서 균형을 찾고 기질로 자신답게 행복을 느끼고 성공도 하되, 그 기질로 인해 만나게 되는 난관은 잘 조율하는 것이지. 그리고 이왕이면 자신의 그 기질을 건강하게 발현해 세상에 도움이 되는 방법을 찾아내면서 말이지."

할아버지는 형제들에게 마음챙김명상을 알려 주며, 마음챙김명상이 기질을 조화롭게 다루는 데 어떻게 도움이 되는지 설명해 주었습니다. "마음챙김명상은 스스로를 관찰하는 힘을 키워, 지금 이 순간을 온전히 살아가도록 돕는 훈련이란다. 너희도 알다시피 기질은 너희도 모르는 사이에 불쑥불쑥 마음에서 올라와 말하고 생각하고 행동하게 만든단다. 그렇게 너희도 모르게 무의식적으로 기질이 내면에서 일어날 때 그것을 관찰하고 알아차리도록 자각하게 하는 명상이지. 때로는 무심코 하지 말아야 할 말을 해버리고 후회하거나, 나도 모르게 무의식적으로 말이나 행동 혹은 감정을 표출하고 반성하게 될 때가 있었을거야. 누구나 그렇게 무의식적으로 할때가 있단다. 그런데 마음챙김명상을 하면, 자신을 관찰하는 힘이 생겨서, 기질이 생각으로 말로 행동으로 나오려고 할 때 그걸 알아차리고 좀 더 건강하게 나와 세상에 유익한 방향으로 기질을 쓸 수 있도록 선택할 수 있는 마음의 여유를 갖게 해 준단다. 그렇게 너의 몸과 마음에서 일어나는 행동, 감정, 생각 등의 작용들과 기질이 가진 빛과 그림자 같은 양면성을 알아차리게 해주는 훈련이야. 마음챙김명상은 너희 자신을 있는 그대로 사랑하면서도 너희와 다른 기질의 사람들과도 조화롭게 지내는데 도움이 되게 하는 명상법이지."

형제들은 마음챙김명상을 통해 자신들의 기질을 더욱 잘 알아차리고 서로의 다름을 존중하는 법을 익혔어요. 형제들은 할아버지께 감사 인사를 드렸어요. "할아버지, 저희는 이제 자신을 사랑하고 서로를 존중할 줄 아는 어른이 되었어요. 저희는 각자의 기질을 알고 마음챙김명상을 통해 그것을 건강하게 활용하면서 더 나은 삶을 살고 있어요."

할아버지는 흐뭇한 미소를 지으며 대답하셨어요. "그래, 너희들은 이미 충분히 잘하고 있단다. 기질과 마음챙김명상은 평생 동안 너희에게 소중한 자원이 될 거야. 이제 너희가 배운 것을 다른 사람들에게도 나눠주렴."

형제들은 마을로 돌아가 자신들의 이야기를 다른 사람들에게도 전하기 시작했어요. 그들은 서로의 기질을 존중하고, 마음챙김명상으로 서로의 마음을 보듬어 주며, 마을 전체가 더 따뜻하고 조화로운 곳이 되도록 만들었습니다. 그리하여 네 형제는 각자의 기질을 이해하고, 그 기질을 통해 자신과 세상을 더 풍요롭고 아름답게 만드는 여정을 이어갔어요. 그들의 이야기는 사람들에게 큰 울림을 주었고, 많은 이들이 기질을 아는 것의 소중함과 마음챙김명상의 가치를 깨닫게 되었답니다.

4부

자신과 가족의 기질을
알게 된 사람들의
후기들

01. 일반 성인들의 후기

"기존에 해왔던 심리 검사는 현재성에 두고 검사를 한 것이라서 10년 전의 검사와 올해의 검사 결과가 다르게 나타나서, 헷갈렸던 기억이 있다. '다 너의 모습이야' '시간이 지나면서 바뀌기도 하는 게 당연하지'라고 들어서 '아 그렇지, 사람은 변하니까'라고만 생각하고 넘겼었다. 그런데 '천성'이라는 타고난 나의 성향이 있다는 것을 알았고, 나의 천성이 무엇인지 알고 보니까 단지 '사람이 변해서'가 아니라 사람의 고유성이 있고 그것을 '어떻게 활용하는 것이 좋을지'에 포커스를 맞출 수 있게 되어 좋다." 〈20대 여성〉

일단 신기하게 너무 잘 맞고요. 기질이 하나가 아니라 활동과 쉼이 있다는 것을 알려 주는 것이 큰 차별점 인 것 같아요. 상황마다 다르다는 것. MBTI랑 다른 심리테스트들도 했었는데 기억도 안나요. 심리기질(1) 프로파일에서 부모와 자식 간에 이해를 돕는 문구들도 큰 차별화 인 것 같아요. 전 엄마한테 인정받기 위해서 활동기능 많이 쓴 것 같아요. 알아서 나를 채찍질 하는데 부모님이 뭐라고 하면 뛰쳐나가거나 차단하고 힘들어했어요. 집밖 모습 집안 모습에 대한 설명이 많이 와 닿아요. 〈30대 여성〉

"나에 대해서 굉장히 세밀하게 알게 된 시간이었다. 두 가지 상반된 재능을 갖고 있는 나로서는 헷갈리는 상황에 많이 놓였었는데 '내가 이런 성향을 타고나서 이랬던 거였구나'라고 알게 되어 마음이 편안해졌다. 나처럼 진단도구를 많이 활용해선 나를 알고자 했으나 시시각각 변하는 결과에 대해서 물음표가 있는 사람들이 하면 좋겠다. 두려움이란 건 무지로부터 시작된다. 나에 대해 모르니까 두려운 거지. 나에 대해 안다면 두려움이 줄어든다. 일반 심리검사 접해본 사람이라면 특히나 이 차별화된 가치를 알 것 같다." 〈30대 남성〉

"이번에 처음으로 접한 PRIS진단은 그동안의 DISC MBTI 에니어그램 버크만 진단을 통합할 뿐만 아니라 더 깊고 넓게 나를 알아가고 이해하게 되는 그래서 나를 더 보듬어 주고 싶은 마음이 생긴 복된 시간이었습니다. 타고난 선천적 기질의 나, 그리고 세상을 헤쳐나가며 경험한 새로운 나를 볼 수 있는, 다채로운 나를 만나는 시간이었습니다.

또한 앞으로 선천적 기질의 내가 오늘과 내일의 삶속에서 더 현명한 모습으로 살아갈 것에 대한 기대감이 생긴 소중한 시간이었습니다. 감사합니다." 〈라이프 커리어 코치〉

"이번 검사와 4회차의 그룹코칭을 통해서 나란 사람에 대해 좀 더 입체적인 관점에서 바라볼 수 있었고, 더불어 다른 사람들에게도 좀 더 넓은 시야로 대할 수 있는 기회가 된 것 같다. 무엇보다 인생 후반부를 설계하고 있는 지금, 보물지도를 발견한 것 같아서 참 만족스럽다.^^" 〈50대 여성〉

"서른 살부터 10년 동안 사업을 하며 내적갈등으로 힘들었던 제 마음을 어루만져주는 대목이 아닐 수 없었습니다. 나를 잘 모르고 내가 힘든 것을 무시하며 살아왔던 지난날을 위로하고 싶습니다. 나를 찾는 여정에서 만난 다원재능PRIS는 제가 지금까지 경험했던 어떤 프로그램보다 더 소중하게 여겨집니다. 그래서 저 또한 더 공부해 보고 싶고 제가 도움을 받은 것처럼 다른 분들에게도 도움을 주고 싶네요." 〈40대 여성〉

"이번 다원재능 PRIS를 통해서 저라는 사람의 궁금증에 대한 답을 확실히 찾을 수 있었습니다. 그동안 다양한 도구를 통해서 저를 찾으려고 노력했지만 이번처럼 명쾌하게 대답해 준 적은 없었던 것 같아요.

그래서 너무 감사한 마음에 후기를 남겨봅니다."〈라이프 코치〉

"나를 나답게 객관적으로 관심을 갖고 관찰하는 시간이었습니다. 선천적인 나만의 씨앗을 갖고 태어나 조건과 환경에 따라 때론 적응하고 때론 저항하며 또 나답게 잘 놀고 쉬면서 여기까지 왔구나. 앞으로 사는 동안 긍정의 방향으로 달란트가 쓰여지도록 나도 이해해 주고 다른 이들도 있는 그대로 인정해 주며 살아 보자 마음먹게 됩니다. 그럼에도 다시 나도 남도 이해할 수 없는 상황이 오겠죠? 그러면 이 프로파일을 꺼내 소리내어 나에게 읽어줄까 합니다. 오늘도 의미있고 즐거운 시간이었습니다."〈명상강사 ○○님〉

"제 자신을 자세히 다양한 각도로 바라본 것은 처음이었습니다. 그리고 가장 어려운 숙제가 있었는데 버겁고 힘겨웠는데 그것이 명확하게 해소되고 아는 것만으로도 치유가 되었습니다. 바뀌려고 하지 않아도 제대로만 알게 되어도 많은 관계와 일이 해결된다는 말씀을 절실히 공감하였습니다. 그리고 오랫동안 함께 한 회사 동료분들에 대한 이해와 공감 사랑이 더욱 깊어지는 시간이었습니다. 무엇보다 이 시기에, 이 타임에 개개인의 삶을 위해서, 함께 일하는 우리의 일터 공간, 관계, 우리를 위해서 뜻깊은 시간이었습니다. 이주아 박사님을 만난 것은 큰 복이었습니다. 귀한 인연과 정성스러운 수업 시간 하나 하나에 사랑과 감사의 인사를 드립니다."〈명상강사 ○○님〉

"기질을 아는 것이 나와의 소통, 공감이고 그것으로 잘 살아가는 시작점이라는 것을 느끼게 되었습니다! 나에 대한 이해를 할 수 있는 기회를 가질 수 있게 해 주서서 감사드립니다. 코로나를 겪고, 특히 마음이 힘든 상황일 때 찾아 헤맸던 '내가 좋아하는 것, 나에게 쉼이 되는 일상, 스트레스를 해소하는 방법'이 이 안에 있었습니다. 온몸으로 부딪혀서 찾아냈던 방법들이 너무 쉽게 적혀 있어서 공감되기도 했고요.

무엇보다 내가 장점이라고 생각했던 나의 모습들이 나의 타고난 기질이었다는 것을 다시 보고 나니 순리대로 살아가는 삶을 더욱 생각하게 됩니다." 〈명상강사 ○○님〉

"나와 다르다고 여겨 화내고 비판했던 것에서 여유로움이 생기고 내가 그동안 바쁘게 분주히 끊임없이 나 자신을 채우려고 동분서주 한 것. 그러한 나의 유별남이 재능임을 알고 나를 탓하던 마음을 내려놓게 되는 해방감. 삶 전체가 나의 천성심리재능으로 꿰어져 경험들이 이해되고, 앞으로 삶의 로드맵이 자연스럽게 그려지는 희열감. 많은 경험들을 함께 공유하며 서로의 있는 그대로의 모습과 재능을 존경하는 명상으로 에너지를 나누고 마무리한 가슴 따뜻하고 감동적인 3주차였습니다. 나를 알기 위해 그 전에 무엇을 했었던 그것과 전혀 다른 본질적이고 근원적인 자기이해 과정에 함께 한 소중한 인연들 감사합니다. ^^" 〈40대 여성〉

"항상 나답게 살고 싶다고 생각했는데 '도대체 나다운 건 뭐지?' 라는 의문이 풀리지 않아 답답했습니다. 그런데 이번 워크숍을 통해 나다운 것을 찾았어요. 처음에는 지금까지 만들어 놓은 나와의 차이로 혼란스러웠습니다. 답답함과 혼란스러움이란 감정을 알아차릴 수 있었던 것이 귀한 경험인 것 같습니다. 앞으로는 하나하나 차근차근 나를 관찰하고 평정 상태를 유지하는 연습을 해 보고 싶습니다. 그러면서 자연스럽게 나를 사랑하고 싶습니다. 진심이 느껴지는 강의. 표정. 말씀 모두 너무나도 감사합니다. 아주 예전의 ○○○를 만날 수 있게 해 주셔서 감사합니다." 〈30대 여성〉

"최근 들어서 상황상 대화를 많이 하는 회사 사람인데 최근 몇 달 동안 제가 많이 밝아지고 너그러워졌다고 해요. 프로젝트 일을 같이하는 건 처음인데 전에는 제가 너그럽지 않았대요. 싫은 표현을 좀 많이 했던 것 같아요. 회사에서 혼자 불편한 마음이 올라왔다 사라졌다 반복했었는데, 이제 저 자신한테 집중하니까 그런 마음이 금방 사라져요. 마음에 여유가 생겨요." 〈30대 여성〉

"제가 이 수업을 듣기로 마음먹은 결정적인 이유가 이 수업을 듣고 나면 나 자신에 대해서 헷갈림이 없게 된다는 문장 때문이었어요. 그리고 나에 대한 깊은 이해를 통해 나의 강점을 활용하는 방법을 배우고 싶기도 했고요. 수업을 들으면 이렇게 책 한 권이 나오는데 이게 바로 저에 대한 이야기로 가득찬 것이거든요. 이런 것도 너무 재미있었고. 보시면 필기가 굉장히 많이 되어 있어요. 그렇게 공부를 많이 하는 만큼 얻어가는 게 많은 수업이었고, 나는 어떻게 살아야 행복한 사람인지 나에게 맞는 공부법이나 진로, 인간관계를 어떻게 해야 하는지도 배웠고 제일 좋았던 점은 저의 강점이랑 약점. 그리고 그 약점을 보완하기 위해서 어떻게 성숙해져야 하는지를 배우는 게 제일 좋았어요. 같이 교육을 들었던 분들끼리 공통적으로 했던 말이 나중에 결혼할 사람이 생기면 이 나 사용법 수업을 들어야겠다고 우스개 소리로 했었는데 정말 그런 생각이 들 정도로 정확하고 얻어가는 게 많았어요.

　사람들은 모두 자기의 프레임 안에 갇혀서 자기 중심적인 사고를 한다는 걸 알았고 나뿐만 아니라 상대방도 그럴거라는 걸 알게 되니까 상대방을 대할 때 그런 부분이 보여서 좀 더 이해하는 폭이 넓어졌어요. 누군가랑 갈등이 생기더라도 좀 용기를 가지고 성숙한 대화를 통해서 풀어 나가거나 아니면 상대방을 있는 그대로 수용을 하거나 혹은 그런 나쁜 것들을 회피하거나 이런 선택지가 생겼다는 게 마음을 굉장히 편하게 해 줘요. 예전처럼 감정적으로 반응하는 일이 많이 줄었어요. 당연히 한 번에 바뀔 수는 없겠지만 이런 내용들을 배웠으니까 앞으로 살아가면서 계속 해서 이거에 기반을 두고 조금씩 더 좋은 방향으로 가기 위해 노력을 하고 있습니다. 항상 심리나 자기이해 이런 것들에 목말라 있었는데 이번 교육을 통해서 그런 갈등들이 많이 해소가 돼서 저는 자기이해나 진로 등의 프로그램에 관심이 있으신 분들이라면 이 교육을 추천드리고 싶어요. 그리고 교육시간에 하나라도 더 가르쳐 주려고 하시고 어떤 질문에도 우문현답을 해 주신 이주아 선생님께도 굉장히 감사드립니다." 〈20대 여성〉

"워크샵에 참석하고 나서 인생 내내 도움이 될 많은 배움을 얻었다는 생각에 은은한 뿌듯함이 느껴진다. 첫 번째로 내가 가진 모든 단점이 재능의 그림자일 뿐이었단 걸 알게 되어 매우 마음이 편하고 떳떳해 지게 되었다. 두 번째로는 다른 사람들이 소수의 이해되고 옳은 사람과 다수의 이상하고 다르고 이해할 수 없는 사람으로 나뉘었었는데 그게 다른 천성의 사람이라 그랬다는 것을 알게 되었고, 마음으로도 다른 사람들 특히 받아들이기 힘들었던 ○○형의 사람들이 이해되기 시작한 것 같다. 셋째로는 삶에 있어서 단 하나의 규정된 방식과 능력이 있지 않다는 것을 알게 되었다." 〈고2 남학생〉

"내가 원하고 생각하던 길이 내 길이 맞는지 사람들이 나에게 전하는 것들이 내 길이 맞는지, 항상 고민돼 선택장애 같은 행동을 하며 굉장히 스트레스를 받고 남들에 의존하면서 살아왔습니다. 3주라는 시간동안 남들의 천성을 들으면서 타인을 생각하고 이해하는 깊이가 굉장히 깊어진 것 같고 나 자신을 생각하는 것과 이해하는 것이 깊어졌습니다. 친구들이 시간이 지나면 지날수록 각자 자신의 길을 걸어가고 있다는 느낌을 요새 많이 느꼈는데 그것에 대해서도 하나하나 공감이 되며 와 닿아서 신기한 경험을 할 수 있었습니다. 앞으로 내 천성적 바탕기질과 대표기질을 생각하며 내 주관대로 방향성을 잡을 생각이고 나 자신을 더 생각하고 성취하면서 이해하며 자신감과 자존감을 높여 꼭 훌륭한 기업가가 되어야겠다고 느낀 아주 좋은 3주의 시간이었습니다."〈고3 여학생〉

"이번 천성검사가 아니면 내가 어떤 사람인지 정확하게 알 수 있게 되는 기회가 없었을 텐데 제가 전혀 인지하지 못했던 제 천성을 알게 되어 너무 감사하고, 내 내면의 방향성을 부여해 준 것 같아서 안심이 되면서 도전도 되는 것 같습니다. 어렸을 적 불편했던 기억들에 대해 왜 불편한지를 알게 되면서 동시에 불편한 마음이 해소돼 홀가분한 마음도 듭니다. 이번을 계기로 남들에게 하던 비난도 재능으로 봐주고 내가 만나게 될 고난도 잘 극복할 수 있을 것 같습니다."〈취업준비생〉

"나는 왜 이럴까? 도대체 왜 이러지?' 하며 나의 모습을 부정적으로 받아들이고 불평했었는데 워크샵 후에는 내가 그렇게 태어났으며 나는 그렇게 살아야 살맛이 난다는 사실을 알게 돼 내 자신을 인정하고 사랑하게 되었다. 자존감과 자신감이 높아짐을 느낀다. 남자친구와 함께 참여했는데 우리가 잘 맞지 않고 통하지 않다고 막연하게 생각하며 걱정했던 과거와 달리 천성적으로 통하지 않지만 그렇기 때문에 끌리고 상호 보완적인 관계가 될 수 있다는 사실에 기쁘다. 앞으로는 우리가 맞지 않는 상황에서도 이해하고 저 사람의 당연한 천성인 것을 받아들이면서 더 좋은 관계를 유지하고 미래를 꿈꿀 수 있을 것 같다. 내가 좋아하는 취미를 찾게 되고 내가 잘 할 수 있는 직업을 생각해서 진로를 정할 수 있는 것 또한 너무나 감사하고 엄청난 도움이었다. 나를 내 모습 그대로, 남을 그들의 모습 그대로 재능으로 볼 수 있는 아름다운 눈을 가지게 되어 스스로 성장한 느낌이고 뿌듯하다. 앞으로도 많은 사람들에게 천성재능을 찾게 해 주셔서 모두가 행복한 세상이 되도록 힘내주세요. 좋은 말씀과 조언해 주셔서 감사합니다. 나답게 살아가며 난관도 유쾌하게 헤쳐나가는 멋진 모습으로 또 뵙고 싶습니다." 〈여대생〉

"이제까지 해 온 모든 교육과정들이 한 큐에 정리되고 어떤 식으로 계속 공부해 나가야 할지 힌트도 얻어가요. 재미있고 즐겁고 유익한 시간이었습니다. 붕뜬 이야기가 아니라 삶에 구체적으로 적용할 수 있는 강의라서 좋았습니다. 할 수 있으면 동반자가 되고 싶습니다." 〈40대 여성〉

"최근 10년간 열심히 살아온 듯해서 대견하기도 안쓰럽기도 합니다. 자기계발 관련공부를 통해 자신의 단점을 보완하려고 많이 애써온 것을 확실히 알게 되었습니다. 이런 내가 정돈이 안 되니까 종교, 심리코스에 수 천 만원을 들여 참여해서라도 해결하고 싶었던 것 같아요." 〈30대 여성〉

"진짜 좋아하는 것은 취미생활 삼으라고 하지만 어떻게 하면 이걸 끌어낼 수 있을까를 고민했어요. 발버둥이었던 것 같고요. 너무 많았어요. 그 헷갈림이. 균형감에 대한 노력은 거의 10년 내내 해온 것 같아요. 저를 너무 대수롭지 않게 여기면서요. 잔가시 없이 탐색하기에 편했다고 해야 할까요? 기존에 했던 공부의 오류는 제대로 이 사람이 어느 지점에서 인지를 했는지에 대한 확인 작업이 객관적이지도 않고 위험하기도 했던 것 같아요. 제대로 가고 있는 건지 검증할 수 있는 시스템이 빈약했었죠. 이건 간소화 되어 있고 편하고 내가 다시 피드백을 하기도 좋아요. 게다가 구체적이고 근본적이고요."〈30대 여성〉

"이미 기존에 정말 많은 자기이해, 탐구를 하며 돈을 지불했으나 헤매고 있는 분들에게 이제 그만 헤매시라고 이걸 권유 드리고 싶어요. 자기학대가 심한 자기이해가 필요한 분들. 퇴사 몇 년 앞두고 있는 직장인들에게도요."〈30대 여성〉

"내가 이런 천성과 현재성을 갖고 있어서 지난 과거를 그렇게 살아왔었구나 하는 것을 알겠어요. 내 진로와 적성, 직업선택에 있어서 천성과 강하게 연결되었다는 걸 느꼈어요. 나를 더 사랑할 수 있을 것 같은 느낌, 자유로운 느낌, 벅찬 느낌이 들어요. 다른 사람들이 가끔 내 행동, 말, 생각들을 이해 못 해 주는 순간들이 있었는데 그것들에서 벗어나고 해방된 느낌도 들어요."〈40대 여성〉

"고유한 천성기질이 나를 더 나답게 만들어 준다. 내 내면 속에 행복의 비결이 있었구나 라는 생각이 들고요. 나의 행동에 더 자신감이 생기고 마음의 평화가 생겼어요. 나의 천성에 대한 계발욕구가 강해졌어요. 내 자신이 헷갈렸고 나 좀 이상한건가 하고 생각했는데 자연스러웠다는 것. 안도감이 느껴졌어요. 미래설계에 헷갈림이 덜하고 성공확률이 높아질 거 같아요. 자신감이 더 생기고 그래요."〈20대 여성〉

"더 큰 섭리가 내게 준 천성의 존재와 고유성. 내게 준 이유 그리고 천성에 좋고 나쁨이 없음을 알게 되었어요. 천성을 살리면 학습, 소통, 직업의 세 마리 토끼를 잡을 수 있다는 걸 확인했어요. 모르고 살면 대게 손해이겠구나 싶고요. 주변 사람들 혹은 방황하고 힘들어하는 사람들에게 추천해 주고 싶어요. 더 큰 섭리가 나에게 준 것이기 때문에 잘 발전시키고 성숙시켜서 내 삶을 잘 갈무리하고 싶어요. 조금이라도 더 젊을 때 알게 되어서 다행이다 싶어요. 계속 곱씹으면서 소화할 거예요."
〈40대 여성〉

"이제까지 자기계발 진짜 열심히 했었는데요. 그간의 것들은 겉이나 표면적인 것 얇은 것을 터치했다면요. 내 고유의 핵, 코어, 중심을 깊은 내면까지 터치해서 표면적인 것도 다 이해하게끔 해 줘요. 내가 이런 내면을 가졌기에 이런 표면을 가졌구나. 저 자신을 굉장히 통합적으로 이해하게 되었어요. 다른 검사들에선 활동할 때 쉴 때 구분이 안 되서 헷갈렸었어요. 저를 비난하기도 하고, 스스로도 이상하다고 여기고 했으니까요. 이제 그걸 다 깨버리고 나를 구분할 수 있게 되었어요." 〈라이프 코치〉

"자기 자신의 잠재력을 찾지 못한 사람, 고등학생, 대학생, 학습, 진로 고민인 분들, 이직, 퇴직 준비하시는 분들. 마음이 공허하고 우울한 사람. 삶의 의미를 찾지 못한 소명을 찾고자 하는 사람들에게 권하고 싶어요." 〈30대 여성〉

"너무 감사해요. 난 고유하고 특별하다. 다른 사람도 고유하고 특별하다. 저 사람은 나와 다른 재능이 있겠구나. 저절로 이런 생각들이 들면서 마음이 편해져요. 누굴 부러워하고 나를 비하할 필요가 없고 나의 재능에 초점을 맞춰서 살아가게 되어 기뻐요." 〈30대 여성〉

"어떤 때는 나를 잘 안다고도 느껴졌고 너무 잘 모르겠다고 느껴지기도 했다. 심지어 몇 년 동안은 나에 대해 알 생각을 별로 하지 않았던 것 같다. 10년 전에는 관심이 더 컸다. 대표기능과 바탕기능을 굵직하게나마 이해하는 순간 내가 이럴 때는 이래서 이랬고 저럴 때는 저래서 그랬다는 생각이 들면서 나를 알아가는 과정에 다시 입문한 것이 실감났다. 가끔 밝고 가끔 너무 조용하고. 나는 어떤 사람인지 헷갈렸는데 정리되어 좋았다. 한편 나의 보완점에 대해 처음 알았을 때는 찔림이 많았지만 이제 받아들여지고 이런 나도 인정하고 수용해야겠다는 생각이 들었다. 나 스스로 굉장히 대외적인 사람인 것처럼 느껴지는 반면 또 어느 때는 굉장히 조용하고 혼자 있는 것을 좋아하는 내성적인 사람인 것처럼 느껴져서 혼란스러움이 있었는데 활동기능과 쉼 기능의 차이라는 것을 알게 되어 해방감이 든다."〈30대 여성〉

"수많은 교육학 서적에서 어린시절의 무조건적인 사랑경험에 대해 심도있게 언급하는데 오히려 실천이 어려워 부모에게 자책감을 주기 쉽다고 생각했었어요. 그런데 기질검사를 통해 무조건적인 사랑을 실천할 수 있는 아주 유용한 해법을 얻었다는 생각이 듭니다. 기본적으로 각 사람이 가진 기초값이 다르다는 것에는 100% 공감해왔어요. 그런데 그런 차이가 환경적 경험에 의한 것이란 생각이 컸었습니다. 이 워크샵을 통해 후천적 성격 이전의 타고난 천성기질을 아는 것이 삶에서 얼마나 중요한지를 알게 되어 깊이 더 공부해 보고 싶습니다. 새로운 관점에 대한 전문적이고 깊은 정보 그리고 진실된 교류에 감사합니다."〈대안학교 부원장님〉

"교육경영을 17년 해왔어요. 정말 오랜시간 자존감 연구를 해왔어요. 상담심리박사까지 했는데요. 심리학 베이스에 한계를 경험했고, 제 기질을 검사해 보니 이게 너무 맞고 제가 너무 좋고 행복해요. 심리학이 가진 한계를 보완해 주는 걸 확인했어요. 자존감의 뿌리는 존재감인데, 그 존재감이 디테일하게 나오는 게 대단하네요. 이것이 많이 전파되면 교육환경이 많이 달라질 것 같아요"〈상담심리학박사, 코칭기관 대표〉

"나에 대한 인식과 함께 '어떻게 살아야하는가'에 대한 방향을 제시해주었다. 오랫동안 '자신에게 만족하는 이가 얼마나 될까?'위안하면서 스스로의 성격에 불만족한 채로 살아왔다. 살아가면서 느끼는 의문, 삶의 과정에서 겪었던 반복되는 좌절감, 지속되는 두려움이 선천적인 기질과의 연관성이 있다고 하니, 처음에는 부정하고 싶은 마음이 들었다. 그동안 치열한 내면의 저항은 마음 속 생채기가 되었다. 비로소 기질을 알게 되니, 억울하게 외부에서 온 것이 아니라, 대부분 스스로 부정적인 쪽으로 기질을 사용하여 만들어진 상처임도 인정하게 된다. 이제는 불만족할 성격이 아니라 달란트로 사용할 수 있는 '빛'과 스스로 관리하고 이끌어 함께 해야 할 '그림자'가 공존하는 나만의 특성으로 받아들이니, 답답한 마음이 열린 듯 시원해지고 스스로의 삶을 책임감있게 이끌어가겠다는 주체적인 의지도 생긴다. '그래서 그랬구나'하는 이 깨달음으로 나에 대한 이해와 사랑의 불꽃이 더 커지고, 더 나아가 주변사람들과 세상에 따뜻한 온기로 이어지기를 소망해본다."〈40대 남성〉

"나이가 50대 중반이지만 나에 대해 잘 모르고 삶에 급급해서 시계추처럼 지내왔다. 우연히 내 기질을 알 수 있다고 해서 바로 검사를 받아봤다. 결과에 놀랐다. 내가 하루하루를 사는 게 왜 그리 마음이 힘들고 어려웠는지… 내가 주위의 환경과 사회적으로 맞추어 살다 보니 선천적으로 받은 기질대로 살아가지 못해서였던 것이다. 기질 검사를 통해서 나를 이해하게 되었고, 선천적으로 내 기질과 나에게 맞는 휴식방법, 직무적합성에 대해 알게 되어 도움이 많이 되었다. 이 기회를 통해 인생의 터닝포인트가 된 기분이다. 결과지를 자주보고 나를 더 알아가는 시간을 마련해야겠다. 다원재능심리학은 선천적인 기질과 직무를 알게 해 주는 나를 위해 정말 중요한 내용인 거 같다. 선천적인 기질을 모르고 현재 모습으로만 살아간다면 인생에 시간낭비를 하고 있는 건 아닐지… 값진 내용과 좋은 경험을 할 수 있게 해 주셔서 선생님께 감사합니다."〈50대 여성〉

"살면서 때로는 제 자신도 견디기 힘든 기질의 일부를 마주할 때 그저 그 순간이 지나가기를 바라며 버티는 게 삶의 일부라고 생각하며 살았습니다. PRIS검사를 받고 제 안에서 충돌하던 모습들이 설명되고 정리되는 것이 느껴졌습니다. PRIS검사로 제 내면을 좀 더 명확히 이해하면서 앞으로의 삶을 살아가는 위안이 되었습니다. 함부로 다른 사람을 평가하지 않으려고 노력하지만 결국 그렇게 될 수밖에 없다고 설명하시면서 나 아닌 다른 누군가를 어떻게 이해하고 받아들여야 할지 제안해 주신 방법은 저의 내면뿐만 아니라 다른 사람들과의 관계에 대한 시야를 넓혀 주셨습니다. PRIS검사를 통해 나와 주변의 소중한 사람들을

이해할 수 있는 귀중한 열쇠를 얻었습니다." 〈50대 남성〉

"밖에서 보이는 나, 안에서 보이는 나, 어린 시절의 나, 어른이 된 나, 결혼 전의 나, 결혼 후의 나, 엄마가 되기 전의 나, 엄마가 되고난 후의 나~같은 나인 듯, 전혀 다른 내 모습은 평생 나를 찾는 여정으로 이끄는 동기가 되었다. 20여년 간의 심리상담, 예술치료, 명리학, 각종 성격검사 등을 통해 나를 발견해 보고 삶에 적용해 보고자 했지만~ 머리 따로, 가슴 따로의 분리된 듯한 이론과 실제의 괴리감은 내 삶의 걸림돌이 되었다. 분명 나는 잘 살아 보려고 열심히 길을 찾아 왔는데~ 왜 계속 목이 마르고, 결과가 나오지 않을까? 하지만 이 과정들이 있었기에 다원재능심리학을 만났을 때 비로소, 목마름에 대한 이유와 결과가 나오지 않았던 이유를 알 수 있었다. 타고난 개인의 기질과 사회화된 현재의 성격을 종합적으로 한 번에 측정할 수 있기에~ 체계적인 결과를 알 수 있고, 그것을 바탕으로 각 개인이 가장 극대화된 성취와 안정감을 얻을 수 있는 방법을 알려 주는 보물섬 지도 같은 도구이다! 배움이 갈급할 때 하늘은 스승을 내려 준다더니~~ 지금이 바로 그 때인듯 하다." 〈40대 여성〉

"처음에 천성을 알게 되었을 때 내가 생각하는 나의 모습과 천성으로 본 나의 모습이 많이 달라서 당황스러웠지만, 나의 레포트를 읽으면서 점점 나의 기질과 비슷한 부분을 보게 되었습니다. 개인적으로 나에 대한 이해가 높아져서 좋았습니다. I와 R의 성향을 동시에 가진 저는 저의 성향이 극과 극으로 나아갈 때가 있어서 어떤 것이 진정한 나의 모습인지에 대한 혼란이 있었었는데, 양쪽의 얼굴을 가진 내가 이해되기 시작했습니다. 가끔씩 내가 나를 이해하지 못해서 스스로를 비난했었던 행위들에 대해 더 이상 비난하거나 싫어하지 않고 나의 천성에 이런 부분이 있었지 하면서 더 이해할 수 있고 나를 품어줄 수 있게 되었습니다." 〈20대 여성〉

"그 전의 마음 수업들에 대해 언제나 영적인 나를 지향하고 목표로 두고 나를 움직이는 내가 있었는데, 그 부분에 대해 좀 더 자유스러워진 것 같습니다. '자신답게 사세요'란 말들을 여기저기서 수없이 들었었는데, 그동안 흘려지나가던 이 말이 천성과 연관 지어짐으로써 마음으로 이해가 되었습니다. 뭔가 신성.영성 등에 대해 어지러진 퍼즐이 맞추어지듯이 '아 나는 삶을 이렇게 살면 되겠구나'하는 방향을 얻었어요. 그 전에 무의식적으로 가지고 있던 궁금증이 많이 풀렸고, 더불어 나의 삶을 어떻게 살 수 있는지 등에 관해 알고 느낄 수 있는 시간이었습니다." 〈40대 여성〉

"그동안 내가 왜 이런 생각을 하고 왜 이런 감정을 느끼고 왜 이런 행동을 하는지 궁금할 때가 많았다. 평소에 궁금한 것은 못 참는 성격이라서 심리학 관련 서적을 여러 권 사서 어설프지만 내 자신의 마음을 분석해 보는 시도를 해 보았다. 약간의 도움을 얻었지만 마음의 메커니즘을 충분히 이해하는 데는 언제나 부족함이 느껴졌다. 그러다가 이 과정에 참여하게 되었다. 그리고 이제 나의 마음이 이랬다 저랬다하는 이유를 보다 정확하게 파악할 수 있는 폭넓은 시야를 얻게 되었다. 마치 나의 마음을 정확하게 바라보는 돋보기를 얻게 된 느낌이다."〈대학생〉

"뭐든 배워서 가르칠 수 있다는 것에 확신이 있었는데 단순한 긍정심리를 뛰어넘어 역시나 활동기질 덕분이었구나 라는 사실이 친근하게 느껴져요. 20대 내내 강사생활을 해올 수 있었던 것도 제 천성덕분이고 개인적으로 현실에 적응하기 위해 사회현상과 시스템과 정권에 관심을 기울인 것에 대해서도 보상받은 느낌이에요. 30대부터 가져왔던 직업군에서 실무강의를 여성인력개발센터에서 5년 이상 해올 수 있었던 것도 모두 제 천성덕분이었다는 것을 감사하게 여깁니다. 팀을 만들면 개혁을 해야 하는데 그런 입장에 자주 놓였었어요. 넌 어디서 그런 개혁정신이 나오냐고도 많이 들었어요. 그저 긍정심리나 종교의 영향이라고 생각했었어요. 기획과 개혁, 구원투수 등의 재능이 많이 발휘되었었는데요. 노력해서 나온 모습이라고 생각하고 누구나 할 수 있는 모습, 마음만 먹으면 다 하는 거라고 생각해서 그런 자신을 칭찬하지도 못했었어요."〈30대 여성〉

"평소 친분이 있던 이주아 대표님을 통해 다원재능 검사와 코칭을 받게 됐다. 그리고 나의 잘하는 것과 좋아하는 것. 활동 욕구와 쉼 욕구가 서로 상충한다는 걸 확인하고 많이 놀랐고 신기했다. 살아오면서 늘 내 안에서 두 가지의 에너지가 서로 갈등한다는 느낌을 받았었기 때문이다. 일할 때는 진취적이고 도전적 일 때 살맛이 나지만, 쉴 때는 정서적 민감성을 안정시키고 충족시킬 때 비로소 쉼을 느낄 수 있다는 것을 알게 되었다. 옳고 그름의 기준과 좋고 싫음의 기준이 달라서 자극에 다르게 반응하다 보니, 나도 스스로가 버겁고 헷갈렸던 적이 많다. 그런데 버겁고 힘겹게 여겨지던 나의 부분들이 감사하고 사랑스럽게 여겨지기 시작했다. 모두가 가진 타고난 천성을 아는 것이 삶의 방향과 삶의 일상의 모든 것에서 얼마나 중요한 역할을 하게 되는지가 머리가 아닌 가슴으로 들어오는 시간이었다." 〈○○대표님〉

"나 사용법 마지막 수업 주제는 〈나의 핵심가치를 파악해서 개인브랜딩하기〉였다. 그동안 배운 것들을 기반으로 앞으로 나의 삶에 어떻게 적용할 것인지 구체적으로 계획하는 시간. 내가 '나 사용법' 교육을 듣기로 결심한 이유이기도하다. 내가 살면서 이 가치를 추구하면서 살면, 죽을 때 후회 없을 것 같다. 수많은 가치들 중에 고르고 골라 나열을 하고, 또 거기에서 고심하며 개수를 줄이고 줄인다. 미니멀리즘의 기본이 덜어내고 비워내는 것이라 자주 해봤던 것임에도 불구하고 인생의 가치를 3개로 줄이는 작업은 신중한 만큼 오래걸렸다. 다 덜어내고 마지막까지 남은 나의 핵심 가치 3가지는 다음과 같았다. 음식, 배

움, 성장. 자, 이제 이 핵심가치와 그동안 공부한 나에 대한 이해를 접
목시켜서 문장으로 만든다. 나는 나 덕후로, 상대방이 스스로 유익한
선택을 하는 힘을 기를 수 있게 동기부여(자극)를 주고 긍정적인 변화
를 이끌어서, 더 나은 삶(피부, 영양제, 음식, 생활습관, 자존감)을 살
수 있도록 돕고자 한다. 내가 좋아하는 것을 살려서 질 높은 정보를 준
비하고 잘하는 방식으로 1:1 코칭을 해서 성과를 낸다. 나는 어떤 사람
인지, 무엇을 할 때 행복해지는지. 선천적으로 타고나서 잘하는 것은
무엇이고 좋아하는 것은 어떤 것들인지. 내가 그때 왜 그랬는지, 앞으
로 어떻게 나아가야 만족스러운 삶을 살 수 있을지. 이러한 질문에 대
답을 망설이던 나는 이제 없다."〈유투버 ○○님〉

　인간관계에서 첫날은 의욕적이고 잘해 보자 하고 으쌰으쌰 했다가
뭔가 안 맞으면 의욕이 꺾여서 "조울증 있냐? 너 너무 변덕스럽다"고 이
야기 듣기도 했어요. 그렇게 다시 다운되는 모습을 보일 때, 타인이 나
를 이해하지 못할 때 힘들었었어요. 활동기능과 쉼기능의 차이가 커서
더 변화무쌍 했던 것 같아요. 아니다 싶은 것들은 말하고 보는 기질인
데, '어른이 이야기하면 들어야지. 이건 아니지 않냐고 말하는 스타일.
그게 너는 솔직하다고 하는데. 이럴 땐 나서지 말아야 한다. 당돌한 거
다'라는 말을 들을 때 나 자신을 비판했는데 그런 나를 이해할 수 있게
되었어요.

이렇게 언어로 구체적으로 정리해 주기 전까지는 뒤죽박죽 많이 헷갈렸어요. 내가 이중인격자인가 싶었어요. 어떤 때는 활발하고 어떨 때는 내성적이고. 저는 그게 다 그냥 환경 탓이라고 생각했거든요. '내가 이런 천성과 현재성을 갖고 있어서 지난 과거를 그렇게 살아왔었구나' 하는 것을 알게 되었고요. 내 진로와 적성 그리고 직업선택에 있어서 천성이 강하게 연결되어 있다는 느낌을 받았어요. 나를 더 사랑할 수 있을 것 같은 느낌. 자유로운 느낌. 벅찬 느낌이 들어요. 다른 사람들이 가끔 내 행동, 말, 생각들을 이해 못 해 주는 순간들이 있었는데 그것들에서 벗어나고 해방된 느낌이에요.

내 고유한 천성기질이 나를 더 나답게 만들어 준다는 걸 알게 되어 기쁘고요. 내 내면 속에 행복의 비결이 있었구나 싶어요. 나의 행동에 더 자신감이 생기고 마음의 평화가 왔어요. 자기계발욕구가 강해짐도 느껴요. 미래 설계에 헷갈림이 덜하고 성공확률이 높아질 것 같아요. 자신감이 더 생기고 그래요. PRIS 프로파일을 남자친구랑 엄마한테 보여 줬는데요. 남자친구는 "완전 너다!"라고 하고요. 엄마도 "맞아 너 그랬었어" 이렇게 이야기하셨어요. "유별나게 질문이 많았었지"라면서요. 엄마는 그 때 마다 "너가 직접 찾아봐"하시고 책도 많이 읽게 해 주셨어요. 엄마 자체가 다양한 것을 경험시켜 주셨었구나 싶어요. 전시회, 강연, 도서관 이런 곳을 많이 데려가 주셨어요. 엄마가 초등학교 교사이시니까 가르쳐주는 것도 계속 들어왔어요. 덕분에 제 천성재능이 더 강화된 것 같아요.

더 큰 섭리가 내게 준 천성의 존재와 고유성 그것을 내게 준 이유. 천성에 좋고 나쁨이 없다는 것과 천성기질을 살리면 세 마리 토끼를 잡을 수 있다는 것과 성취와 안정욕구의 존재, 이 모든 것들이 새로웠고요. 모르고 살면 되게 손해이겠구나 싶어요.

주변 사람들 혹은 방황하고 힘들어하는 사람들에게 추천해 주고 싶어요. 더 큰 섭리가 나에게 준 것이기 때문에 잘 발전시키고 성숙시켜서 내 삶을 잘 갈무리하고 싶어요.

조금이라도 더 젊을 때 알게 돼 다행이다 싶고요. 계속 곱씹으면서 소화해야겠다고 생각해요. 고유하고 사랑스런 내 천성을 알고 나니 내 스스로가 더 좋아졌어요. 나 자신을 아는 게 너무 중요한데 어디서부터 어떻게 시작해야 할지 갈피를 못 잡고 있었는데요. 이번 기회가 너무 감사합니다. 나를 알고 나서 깊이 있게 파고드니 그동안 PRIS를 모르고 산 내가 가여워지기도 하고 모르면서 잘 살아온 내가 대견하기도 하고 그래요. 나를 더 사랑해 주고 예뻐해 줘야겠다 싶어요.

[연구참여자 내러티브, 이주아, 2019, "MT-다원재능의 활동기능과 쉼기능이 자기수용과 타인수용에 미치는 영향에 관한 내러티브 연구" 논문 113쪽]

02. 엄마. 아빠들의 후기

"다원재능코칭이 벌써 10일이 지났지만 그 여운은 강력한 것 같습니다. 기술영업 19년차로 10살 6살 두 아들의 아빠입니다. '더 나다운 정체성을 정교화해서, 성과로 연결하고자 했던 코칭 참가목적이 나의 천성기질과 직접적인 연결성이 있었구나'라고 나 사용서를 정리하면서 다시 한 번 통찰을 하게 됩니다." 〈○○아빠〉

"어려서부터 똥도 아깝지 않은 우리 딸로 넘치는 사랑을 받았지만 사랑하는 방법에 서툰 부모님 사이에서 자란 장녀랍니다. 나에 대해 더 이상 궁금하지 않은 채로 나 자신보다는 내 자녀들과 남편 그리고 나와 인연을 맺고 공부하는 학생들을 위해 13년 이상을 어느덧 달려왔네요. 늘 긍정적인 마인드로 감사함을 느끼며 열심히 살아왔기에 지금의 안정된 삶을 누리고 있다 여겨 왔는데 저의 천성이라는 대표기능을 바탕으로 지금의 제가 있다는 것을 발견하고 참 신기하며 이 또한 재능이 될 수 있다는 사실에 놀라웠습니다. 더욱 더 겸허히 받아들이고 제가 가진 천성이 더욱 더 빛을 보도록 균형잡힌 삶을 살도록 노력하겠습니다. 가끔씩 과도한 열정과 에너지로 몸이 지칠 때로 지치는 일도 다반수이지만 마음만큼은 늘 청춘이기에 삶이 그저 행복하네요. 소통하는 동안 콘크리트도 되어 보고, 내 자신을 회상할 수 있는 유익한 시간이었습니다. 이번 수업을 통해 더욱 더 풍요롭고 윤택한 나의 미래의 삶을 기대해 보겠습니다. 저희 가족의 평온을 다시 찾아 준 이주아 대표님 진실로 감사드립니다. 값진 추억 소중히 가슴에 담아둡니다." 〈○○맘〉

"사람들은 건강을 위해 종합건강검진을 합니다. 자신만의 고유하고 독특한 욕구성향 즉, 심리패턴을 알아서 행복하기 위해선 심리도 종합검진이 필요함을 이주아 대표님을 통해서 알게 됐습니다. Input Output으로 쏟아내지 못하는 미숙함으로 지쳐있을 때 "난 왜 이렇게 배우기만 하지?" "돈이 중요하지 않다고 하면서 왜 이렇게 지치지?" "사람들을 도와주면서 실속을 못 차리네" 저는 뽀대나게 돈을 벌고 싶은 욕구가 있더라고요. 심리검사상에도 나와서 신기했어요." 〈○○맘〉

"현재 5학년, 6학년 아이를 키우고 있어요. 아이 8개월쯤부터 육아에 집중하기 시작했는데요. 저는 '아이를 결대로 키우자'는 생각으로 저 나름대로 노력을 하면서 키웠어요. 그러면서 '잘하고 있나 이 방법이 맞나'이런 생각들을 많이 했답니다. 그러다가 다원재능검사기반의 심리진로 그룹코칭에 온 가족이 참여하게 되었는데요. 하면서 지나온 세월에서 힘들었던 부분, 걱정했던 부분들이 왜 그랬는지 이해가 되었어요. 그리고 직장생활하면서 양육에 집중하지 못했던 시간에 대해서 첫째 아이에 대한 죄책감이 있었는데요. '나의 잘못이 아니었구나, 천성적인 특성이었구나' 싶어 위로가 많이 되었고요. 제일 크게 깨달았던 점은 천성을 제대로 알고 기쁘게 받아들이고 지지해 주는 게 중요하다는 거였어요. 저는 '아이를 결대로 키워 주자'해서 주로 수용해 줬다면 '앞으로는 구체적으로 지지해 줘서 재능을 발휘할 수 있게 도와주자'라고 생각이 바뀌게 되었어요. 저 역시 내 재능을 발휘하면서 살아야겠다 싶고요. 요즘 마음도 편하고 행복합니다. 요즘 주변에서 보면 분명 아이의 재능인데 그걸 모르고 힘들어 한다던가 불편해 한다던가 하는 걸 보고 안타까운 마음이 들 때가 있거든요. 지금이라도 자신과 가족의 천성기질을 알아보고 그것을 지지해 주고 양육하는 것이 자녀 양육의 지름길이라고 생각해요. 저도 10년 전에 이 프로그램을 알았다면 아이들을 다르게 키웠을 텐데… 지금쯤 다른 모습을 하고 있을 텐데 하는 생각도 들더라고요. 그런 지름길 같은 프로그램이라서 추천해드리고 싶고요. 지금이라도 저와 남편 그리고 아이들의 재능을 알고 재능을 지지해 주고 난관을 만났을 때 따뜻하게 바라볼 수 있게 되어 기쁩니다. 앞으로 각자의 기질로 인해 난관을 만나더라도 걱정보다는 희망이 더 있을 것 같아요. 그런 면에서 저는 매우 많은 도움을 받았습니다."〈○○맘〉

"최상극 기질 조합의 나. 완벽주의적 삶을 추구한 나 자신을 ○○라고 착각했습니다. 결혼하면서 쉼기능이 살아나기 시작했어요. 그래서 남편을 통해 마음의 안정을 찾는 데 도움이 되었습니다. 겉으론 가진 사람처럼 보이는데 속으로는 망가진 상태로 내 속만 힘든 채로 살아왔습니다. 주변에서는 '대충 살아' '가진 것에 감사하며 살아'라고 충고해 주기 일쑤였습니다. 나는 잘못 태어난 걸까?라는 생각도 했어요. 지금 세상에서 저는 버리기 좋은 패의 성향의 사람일 수 있겠다는 생각도 했었습니다. 그리고 이제 이런 나를 이해하고 받아들일 수 있게 된 평화로움이 참 감사합니다. p기질인 남편을 이해할 수 있게 되고 남편의 s2재능에 감사하게 되었습니다. 아이들의 코드를 알게 되어 온 가족이 나다운 빛깔로 존재로서 사랑받는 느낌으로 살아갈 수 있는 팁을 얻을 수 있어 정말 감사함이 큽니다."〈○○맘〉

"아이 앞에서 부부싸움을 해서 ADHD 성향이 생긴 것 같아 죄책감이 생겼어요. 그래서 더욱더 고쳐주려고 양육 전문서적들을 많이 봤고요. 그런데 ADHD 성향이 아니었어요. 더 일찍 이걸 알았더라면 ADHD 성향으로 이상하게 보지도 않고 잘 키웠을 것 같아요. 요즘 아이들이 지식 위주의 교육 때문에 힘들어하고 있어요. 우리나라 유아교육기관과 모든 교육에 기질을 통한 인품교육이 들어갔으면 좋겠어요. 그러면 아이들은 스스로 자기가 원하는 것을 찾아가고 행복하게 자랄 것 같아요."〈○○맘〉

"한 곳에 머물러 있지 않고 다양한 사람들과 만나며 얘기하는 것이 너의 내면이 허해서 밖에서 무엇인가를 찾으려고 하는 게 아니고 사람들을 만나며 여러 곳을 다니는 것이 너의 타고난 재능이야. 어렸을 때 부모로부터 사랑을 못 받아서 부모가 아닌 다른 사람들에게 사랑을 받으려고 사람들을 만나는 것이 아니야라는 말을 나 스스로에게 들려줄 수 있음에 감사합니다. 하마터면 나의 재능이 질병이 될 뻔 했습니다. 천성을 아는 것이 얼마나 중요한지를 절감합니다. 감사합니다."〈○○맘〉

"요즘 드는 생각과 의문을 명쾌하게 정리해 주셨어요. 아이만의 색을 존중해 주고 인정해 주고 싶다는 생각이요. 그게 천성이었네요. 아이들 마음을 들여다보지 않고 그냥 무조건 시키기만 한 게 후회가 되네요. 아이들마다 기질이 다른걸 알고는 있었는데요. 심리학이 제대로 쓰여질 수 있는 방법을 찾은 듯해 감사합니다."〈○○맘〉

"선생님과 세 번의 만남을 갖고 생각이 많아지기도, 마음이 편해지기도 심신이 위로를 받기도 했네요… 자리를 지켜야 한다. 어리지만 독한 마음으로 지내왔어요. 크게 거스르는 행동없이 이해와 배려를 습관처럼 하며 아빠와 동생들을 대해왔어요. 결혼하곤 너무 예민한 아이들로 인해, 또는 아이들에게 엄마의 허전함을 느끼지 않게 하고픈 저의 생각으로 인해 하루 24시간이 모자라게 나 아닌 다른 사람만 생각하고 살아왔어요. 다행히 착하고 성실한 남편 덕분에 항상 사랑을 부족하게 여기는 제가 사랑받으며 산다는 마음을 갖고 지내고 있지요. 너무 만족하는 삶이지만 뭔가 답답하다는 느낌이 있었는데 이번 선생님의 만남으로 저의 이런 부분을 이해하는 시작점이 찍힌 것 같아 마음이 놓이네요. 앞으로도 계속 좋은 인연으로 나의 이해와 더불어 남편과 아이들도 이해하고 인정해 줄 수 있는 그 날이 꼭 오길 희망해요. 진심으로 감사드립니다."〈○○맘〉

"프로파일을 반복해서 계속 들여다보며 그리고 이주아 대표님의 코칭을 들으며, 나에 대해 깊이있게 이해하고 성찰할 수 있는 계기가 되었다. 나를 이해하지 못해 나를 오해했던 시간들이 해소되었다. 모든 것이 나에 대한 바른 이해부터 시작임을 다시금 느낀 소중하고 의미있는 기회였다. 검사와 함께 예리한 코칭을 해 주신 이주아 선생님께 깊은 감사를 드린다."〈○○맘〉

"검사하고 대표님이랑 상담하길 정말 잘했다고 연휴 내내 느꼈답니다. 아이와 남편에 대해 알고 났더니 이해가 되는 행동이 너무 많더라고요. 그 전 같으면 답답했을 텐데 말이죠. 정말 감사해요."〈○○맘〉

"내가 추구하는 것에 쏠려서 가족을 등한시하는 듯해서 미안했는데 그게 나의 쉼 욕구와 관련된 것임을 알게 되었어요. 가족을 좀 더 챙겨야겠다는 생각이 들고요. 내성적인 성격을 고치고 싶다는 욕구도 있었는데 쉼 기능임을 알게 되었고 재능이라고 여기니 부담이 없어졌어요."〈○○맘〉

"호기심 충족을 위해서 끊임없이 배우면서 시간을 밖에서 보내니 와이프와 갈등도 겪고 스스로도 불편했는데요. 이제 내면의 쉼 욕구 충족을 통해 활동기능 욕구조절이 가능함을 알겠어요."〈○○아빠〉

"○○기질 덕분에 가족을 위하고 자산을 늘리게 된 부분도 있어요.

내 의지가 아니라 내가 타고난 쉼 기질에 의한 자연스러운 것이라는 걸 깨닫게 되어 마음의 부담감이 덜해진 느낌이에요."〈○○맘〉

"전에는 무조건 내가 병원에서 노력하고 애쓰고 신경 쓰고 스트레스를 받아야 모든 것들이 성취되는 줄 착각했는데 쉼 기질이 그런 것을 가능케 하는 원동력임을 알게 되어 마음이 홀가분하고 여유도 생겨요. 나의 쉼 기질에도 감사의 마음이 듭니다."〈○○맘〉

"기존의 심리검사와 심리접근과 해석이 다르고 부족한 부분들이 보완되는 명쾌함이 보였습니다. 지금 있는 모습 그대로의 나를 사랑합니다. 나를 사랑하기 위해 늘 중얼거리던 만트라입니다. 그런데 이제 있는 그대로의 나를 사랑할 수 있는 길을 찾았습니다. 내 아들도, 딸도. 남편도…"〈○○맘〉

"어려서부터 상처부터 살아온 삶 모두가 이해됩니다. 천성기질을 빨리 아는 것이 인생에서 얼마나 중요한 일인지를 실감합니다. 과정 중 정말 많이 울었는데요. 위안도 치유도 많이 되고, 또 앞으로의 삶에 희망도 많이 생겼습니다. 많은 사람들한테 알리고 싶습니다."〈○○맘〉

"나를 확인하고 지원받는 시간입니다. 누군가에게 이해받고 인정받는 것보다 많은 것이 해소되는 과정이었습니다. 교육업을 20년 가까이

해 오면서도 경험하지 못했던 확실히 차별화된 도구와 워크샵이었습니다. 관계되어진 사람들이 더욱 소중하게 느껴지게 되었습니다."〈○○맘〉

"그간 나의 존재감, 성품, 성격, 성향에 대한 의문이 풀렸습니다. 내 자신을 찾은 느낌이 행복하고 자신감이 생겼습니다. 내가 생각했던 나의 단점들이 단점이 아니었음을… 나란 존재의 힘에 대한 새로운 시각, 최근 생각만 했던 제2의 인생 꿈을 2년 안에 펼쳐보고자 합니다. 내가 이렇게 많은 재능과 힘을 가진 존재라는 것이 감사하고 나에 대한 만족 감이 이렇게 금새 커진 것이 나 조차도 신기합니다."〈○○맘〉

"천성의 행복의 씨앗, 재능에 감사하고 그걸 먼저 발현하려고 노력하는 게 우선이라는 것을 확실히 알겠어요. 전에는 안 갖춘 것을 갖추려고 노력하고 변화하려고 애쓰면서 시간과 돈을 들였어요. 상충된 것처럼 보이는 기질인 대표기능과 바탕기능을 인정하면 되는데 너무 긴 시간동안 외면해왔다 싶어요. 자기학대의 시간이 길었구나 싶고요. 현재성을 동시에 보여 주니 통합적이에요."〈○○맘〉

"제 인생 가장 힘든 시기였는데 선생님을 만나서 제 삶이 많이 변했어요. 제 자신을 많이 사랑하게 되었고 그래서 타인에 대한 수용도 넓어지고 삶의 본질에 대해 깨칠 수 있어 요즘 정말 살맛나고 앞으로가

기대돼요. 너무 감사합니다."〈○○맘〉

"에니어그램. MBTI. 자기계발 서적. 힐링강좌 등을 많이 듣고 보고 경험했지만, 또 다른 경험이었어요. 지금 너무 기쁘네요. 오랜 경험과 폭넓고 깊은 지식과 노하우를 공유해 주셔서 감사합니다. 재미있게 의미있게 들었고요. 깊이 느낀 시간이었습니다."〈○○맘〉

"내용도 쏙쏙 들어왔고 너무 좋았습니다. 강의 중 기억에 남는 말이 있는데요. 사람들은 의도없는 행동을 비난 받을 때 자존감이 낮아지는데 그 의도없는 행동이 천성이란 말씀에 깊이 공감했습니다. 또 나의 천성을 알아서 남과 비교하지 않고 온전히 나를 받아들이고 키워 주고 싶어졌어요. 아이에게 대하는 여유가 생겨서 아이도 좋아합니다. 저녁에 실랑이 없이 하루 마무리 했습니다. 야호!"〈○○맘〉

"그동안 억눌려 왔던 내 천성기질을 발현시키고 싶습니다. 내 아이는 나처럼 자신의 색깔을 잃지 않도록 본인의 행복코드대로 살아갈 수 있도록 그것에 맞게 후원해 주고 사랑해 주려 합니다. 사랑이란 이름으로 상처준 것들을 고백하고, 다시금 제대로 사랑하고 싶어요. 삶 전체가 돌아봐지는 감동깊은 시간이었습니다."〈○○맘〉

"나를 확인받고 지원받는 시간입니다. 누군가에게 이해받고 인정받는 것보다 많은 것이 해소되는 과정이었습니다. 교육업을 20년 가까이 해 오면서도 경험하지 못했던 확실히 차별화된 도구와 워크숍이었습니다. 혼자만이 아니라 주변 사람들과 가족과 함께 나누고 싶습니다. 관계되어진 소중한 사람들이 더욱 소중하게 느껴지게 되었습니다. 우리 ○○이가 아직 어린시기에 이걸 알게 되었다는 것이 너무나 감사하고 축복스럽게 여겨집니다."〈○○맘〉

"강의와 검사 모두 뜻깊은 시간이었습니다. 아이 때문에 걱정하고 후회하고 있었는데, 아이를 더 이해할 수 있는 시간이 되었습니다. 아이도 제 타박(?)을 긍정적으로 받아들일 수 있게 됐고요. 앞으로 많은 노력과 이해가 더 필요하겠지만 전처럼 무턱내고 화내고 초초하지 않으리라 생각됩니다."〈○○맘〉

"어제 ○○쌤 이야기 들으며 얼마나 힘들었을까 얼마나 걱정이 되었을까 마음이 많이 아프더라고요. 그래도 지금은 아이를 이해하고 아이 또한 자신의 재능으로 알고 잘 지낸다하니 얼마나 다행인지… ○○쌤의 노력과 아이들 사랑하는 마음이 전해지더라고요. 전 어제 수업 들으며, 부모교육에서 다원재능을 도입하면 딱 좋겠다는 생각을 많이 하게 되더라고요. 제가 알고 있는 부모교육 샘들한테라도 많이 전파해 보려고요. ^^"〈○○맘〉

"저도 어제 ○○쌤 얘기 들으면서 또 저희 아이들 경우 생각하면서 아이들의 고유성을 부모가 알고 또 알려줄 수 있음이 얼마나 감사한지 다시 한 번 느꼈어요. 지난 6월 저희집 딸 아이도 1회에 ○○만원 하는 유아심리치료를 받아야겠다고 그것도 1회성이 아닌 최소 10회는 받아야겠다고.

2년 이상 꾸준히 다니던 유아교육관련 기관이었고 그래서 저희 아이에 대해 잘 안다는 분이 그런 처방을 내서서 굉장히 마음이 불안했었어요. 저도 아이가 말을 더듬고 전과는 좀 다르다는 것을 느끼고 있었거든요. 감사하게도 나 사용법 그룹코칭을 신청해 두었던 터라 이주아 대표님께 상의 드리고 심리치료 대신 다원재능으로 아이의 문제를 접근했는데… 지금 와서 보면 ○○기질의 딸 아이는 그저 급하고 빨리 전달하고픈 기질 때문에 말을 더듬는 것이었고 심리적인 문제는 아무 문제가 없었어요. 아이의 기질을 알고 관찰하니 심하게 밝고 밝은 아이네요. ㅎㅎ 아이에 대해 문의 드릴 때 모든 것을 문제로 보면 문제가 될 수 있다고 걱정하지 말라고 하셨는데 공부하면서 무슨 말씀이신지 알았어요. 요즘 저는 대표님. 선생님들 만난 것이 큰 감사함입니다. 남은 주말도 편히 보내세요." 〈○○맘〉

(이건 저의 답변이었습니다. → 섣불리 모든 치료가 불필요하다고 할 수는 없지만요. 기질 이해를 바탕으로 한 존재적 사랑과 맞춤형 지지가 매우 중요해요. 천성기질을 근간으로 보면 상처 때문인지 기질적

특성인지, 질병인지 재능인지가 바라봐집니다. 잘 지켜보면서 맞춤형으로 케어와 사랑을 주시면 될 듯해요. 저에게도 역시 한 분 한 분과의 인연이 참 신기하고 감사합니다.)

"저도 저희 친정아빠가 애 말 못하는 거 아니냐고 병원데리고 가 보라고 했었어요. 작은 아이는 우리 아이가 달라졌어요에 보내야 된다고 했고요. ㅎㅎ 부모가 문제로 바라보지 않고 접근하면 잘 큰다고 봐요. 저희 조카도 ○○기질인데 어릴 때 ADHD라고 했었거든요. 따로 치료나 상담은 안 받았었거든요. 사실 저도 조카가 버겁더라고요. 이제 재능으로 바라보니 버겁다기보다 다른 방법으로 조카를 대하게 되더라고요. 다원재능 최고입니다."〈○○맘〉

"아이가 공부머리가 없어서가 아니라, 아이에 맞는 학습법과 동기부여가 잘못 되어 있었음을 알게 되었습니다. 스스로에게 놀라는 아이를 보니, 너무나 미안해집니다. 앞으로는 이 보물 같은 천성재능의 방향으로, 행복하게 잘 안내해 주고 싶습니다. 나의 어리석음을 대물림하지 않겠습니다."〈○○맘〉

"사춘기와 초딩아이를 둔 엄마로서 문득 들어야겠다는 생각이 들어 신청했는데요. 학교에서 하는 검사는 검사시점의 관심도로 결과가 나온다고 생각하고 있었는데 심력연구소에서 하는 검사는 다르더라고

요. 애들 땜시 정신적으로 힘들어하는 저에게 좋은 시간이 되었습니다. 감사합니다."〈○○맘〉

"가족 구성원들의 타고난 천성을 알아보는 시간이 매우 뜻 깊었습니다. 모두 각자가 행복함을 느끼는 코드가 다름을 좀 더 명확하게 알고 가니 너무 좋습니다. 자녀들 특히 딸에 대해 조금 더 신중하게 단순한 아이 행동에 대처하고 겸허하게 응답해 줄 수 있는 포인트를 잡을 수 있었습니다."〈○○맘〉

"두렵고 막연하여 주저하게 되던 미래와 나의 모습에 희망과 자신감, 용기가 생겼습니다. 내가 직장생활을 하면서도 아이한테 죄스럽지 않을 수 있는 방법을 알게 된 것 같습니다. 우리 아이의 자존감과 진로에 대한 걱정이 한시름 덜어졌습니다. 든든하고 감사합니다."〈○○맘〉

"살면서 좀 더 일찍 알았더라면… 삶이 더 편안했을 텐데라는 아쉬움이 남았습니다. 하지만 어찌 보면 지금이라도 안게 어디냐 싶기도 합니다. 나를 이해하고 가족을 이해하는 데 너무나 큰 도움이 되었습니다."〈○○맘〉

03. 다원재능심리학 전문가 과정 이수자분들의 후기

하나)

엄마가 ○○기질이어서 그 프레임안에 가두려했고, 전 그게 어려웠고 난 항상 나쁜 딸이야 라고 되내이게 되었어요. 바뀌려 했으나 잘 안되면서 더 나를 미워하게 되었어요.

집에서 인정받지 못하다 보니, 눈치보게 되고 ○○기질로 살아가는 여자인 저는 받아들여지기 어려운 존재처럼 여겨졌어요. 신랑은 대화 중에서도 말의 내용이 중요하고 전 또 다르니, 소통에서도 어려움이 많았어요. 그 많은 삶의 힘듦과 관계 속 이슈가 다원재능을 통해 해소가 되었어요. 저는 지금 운영하는 사업에 접목해서 아이들 대상으로 다원재능을 펼쳐나가려고 합니다. 저희 도시에 학교도 많고, 학교 관계자분들과도 친분이 많아서, 제가 다원재능에 대한 신뢰가 확실히 있기 때문에 잘 전달해 보고자 합니다.

둘)

저희 엄마는 지금 세상에 태어났어야 해요. 여자가 이래야한다 저래야한다 하는 문화에 많이 힘드셨어요. 다원재능을 만나기 전까지 저는 항상 자존감이 너무 낮고, 아픈 것들이 좀 많았었는데요. 나의 재능이 난관으로만 다가왔었거든요. 다원재능을 통해 다른 사람들 이해에 정말 도움이 되었어요. 마음의 위로와 위안이 많이 됐어요. 실은 이 과정

중에 집에 일이 있어 정말 힘들었는데, 그것들을 넘겨내면서 웃을 수 있고 해결해 나가는 데 있어 큰 힘이 되었던 것 같아요. 나와 같은 고민을 가진 동기분들과 나의 모습을 미워하지 않고 인정하면서 살아가고 있으니 좋아요.

셋)

교육경영을 17년 해왔어요. 저는 다원재능을 듣고 있는 자체가 너무 신기하고요. 정말 오랜 시간 자존감 연구를 오래 해왔어요. 교사들 사이에선 상도 많이 받고 했었고요. 상담심리박사까지 했는데요. 심리학 베이스에 한계를 경험했고… 제 기질이 너무 맞고. 이게 너무 좋고 이걸로 행복해요. 심리학이 가진 한계를 다원재능이 보완해 주는 걸 확인했어요. 자존감의 뿌리는 존재감인데, 다원재능은 개별적인 한 사람한 사람의 자존감. 존재감 부분이 훨씬 디테일해요. 인간의 개별성. 다원재능이 학교에 전파되면, 한 아이 한 아이에 대해, 이런 특별성을 타고난 아이이구나라고 바라볼 수 있게 되면서 교육환경이 달라질 것 같아요. 저는 다원재능을 하면서 많이 겸손해졌어요. 제가 S이기 때문에 가진 힘듦과 수월하게 되는 부분이 있음을 알게 되었고요. 다원재능을 통해 서로 위안을 주고, 사회에 많이 기여하고 기적을 만들고 싶어요.

넷)

우리 아이를 잘 키워야 하는데 막상 학교를 보내니 공교육에서 아이들을 정상. 비정상으로 구분하더라고요. 그래서 청소년 교육학과를 다니기 시작했는데요. 심리학 공부에 아쉬움을 느끼게 되었어요. 다원재능공부를 하면서 느낌으로 알았던 것이 구체화되는 기쁨을 많이 느꼈어요. 아이들에게 적용하면서 도움을 많이 주고 싶어요. 이곳 분들과 이야기하면 내 옷을 입은 편안함. 안정감을 느껴요. 이런 기분 정말 오랫만에 느끼는 것 같아요.

다섯)

저는 부모님과 아이들 간에 안타까운 부분들을 너무 많이 봤어요. 그래서 시간을 조금이라도 앞당겨서 도와주고 싶었는데 다원재능이 그 연결고리가 되겠어요. 내가 수용되지 않으면 어떻게 하나 라는 위축감을 가지고 있었어요. 정말 혼돈스러웠던 시간이었어요. 나의 내면에 대한 혼란스러움. 이중인격. 다중인격…지금의 나를 수용하는 힘. 그러한 에너지를 공명하는 지금 이 자리에. 저도 모르게 눈물이 나네요. 다원재능 선택을 정말 잘했다는 생각이 듭니다. 너무 감사해요. 우리 집 아이들이 사랑받는 느낌이 든다고 고백하기 시작했어요. 신기해요. ^^

여섯)

가족은 부모니까 이해해야지 하지만 그게 마음먹은 대로 잘 되지는 않는데요. 다원재능이 그 이해의 근간이 될 수 있어 기뻐요. 우리 큰애에 대해서. 남편도 그렇고 저도 때로는, 남자애가 눈치를 자꾸 본다며 비난하곤 했었거든요. 나이드니까 이해력이 커졌다고 하지만 결국 내 기질 안에서의 프레임으로 움직였음을 알게 되었습니다. 이 전문가과 정이 제겐 쉼의 시간이었고 힐링과정이었어요. 임상하면서 더 많은 것들 나누고 교류하고 싶어요. 화면 통해서 보더라도 오래 보다 보니 굉장히 친근하고 너무 좋았어요.

일곱)

교사로서 아이들에게 마음의 힘을 어떻게 키워줄 수 있을까 고민했었어요. 무언가 코어를 이해할 때 이해가 싶겠다. 마음의 코어를 잡아줄 수 있어서 정말 많은 생각을 할 수 있었고, 성장한 것 같아요. 여유롭게 받아들이는 마음이 생긴게 참 신기해요.

어떻게 내가 이렇게 변했지? 마음의 변화 과정들이 있더라고요. 어떻게 내가 이렇게 마음이 편해졌지? 딸과도 이 과정하면서 정말 많은 소통을 했어요. 운동을 특히나 잘 챙겨해야 두려움에 덜 잡히기 좋은 것 또한 나의 기질과 연관있으니까, 삶에 대한 감사함이 커졌어요. 다른 사람에 대해서도 그런 마음이 더 자주 듭니다. 역시 진심은 통하는 구나를 확인하고 있어요.

여덟)

다원재능 자아형상을 보면서 책상에 흩어져 있던 것들이 정돈되는 것처럼, 마음에 대한 많은 것들이 명료해졌어요. 정리가 되니까 안정감이 느껴졌어요. 타인과의 관계에서도 다원재능을 알기 전에 유독 불편했던 분들 특히 우리 언니가 왜 그렇게 불편했었는지 알게 되서 언니를 바라보는 관점이 완전히 달라졌어요. 제가 사랑이 더 많아졌음을 느껴요. 정면의 얼굴을 이렇게 오랜시간 바라보기도 쉽지 않은데 그러다 보니 모든 분들과 굉장히 정도 많이 들었어요.

아홉)

엄마와의 다툼이 줄었어요. 엄마와 대화를 할 수 있게 되었어요. 그럴 수 있다고 자연스럽게 받아들이게 돼요. 내가 다 맞으니까 주목받아야 하고 왜 내게 주목하지 않는지 했던 생각들에 이제 각자가 가진 욕구를 자연스럽게 헤아리고 있는 저를 봐요.

내가 나처럼 살고 싶듯이 너도 너처럼 살고 싶겠지 싶고요. 책보다 보면 역지사지 하라고 나오는데, 그 좋은 말보다 타인의 욕구가 더 깊이 들리면서 내 욕구를 성숙하게 다루는 힘도 생겼어요.

열)

출산 즈음에 나사용법 과정이 정말 너무 좋았고요. 전문가과정은 정말 깊이가 다름을 느꼈어요. 가정을 잘 이루고 아기를 잘 키우고 싶어서 시작했는데요. 신랑을 알고 나니까 그간의 부부간의 부딪힘이 다 풀렸어요. 전문가 과정을 하게 되서 너무 감사해요.

열하나)

아이들과 남편이 나로 인해 힘들수 있었겠구나. 이들을 위한다는 것이 오히려 나를 밀어낼 수 있었겠다는 것. 그 또한 나의 잘못이 아님을 알게 되었고요. 답답할 때마다 프로파일을 보니 거울을 마주하는 것처럼 도움이 되었어요. 이게 나구나 매 순간 느끼고, 내가 나를 안다고 하는데. 그게 아는 게 아니구나. 아이들것 남편 것 내 것 반복해서 보면서 힘을 얻으려고 해요. 재미있었고 힐링이었고, 세상 사람들의 다양성을 알게 되는 소중한 시간이었어요.

열둘)

신랑에 대한 부정적 인식을 많이 가졌던 것 같아요. 저와 비슷한 코드를 가진 동기분을 보면서 내가 그러고 있구나… 자아도취가 강하구나를 알게 되었고요. 지금은 나이가 있다 보니까, 제 기질의 난관을 극복하는 것에 마음이 가요. 나의 코드가 참 행복한 코드구나를 알게 됐어요. 다원재능전문가가 코로나 시기의 꿀직업이 될 수 있겠구나도 싶어요.

열셋)

'불안'을 달래기 위해 크고 작게 도전해왔던 일들, 그 과정에서 만난 명상과 명상을 통해 깊게 이해하게 된 '나'가 다원재능 프로파일에 적혀 있었다. 나의 기질들을 많이 이해하고, 사랑하게 된 지금, 그것들을 눈으로 확인할 수 있어서 기뻤다.

더 나아가 아직 저항하고 있었던 나의 기질들도 더 사랑하고 긍정적으로 바라볼 수 있었다. 예를 들면, 우울함이다. 우울함이 나의 예술적 '재능'이라는 생각은 못했었는데, 한 발짝 떨어져서 '우울'이라는 특성을 글로 만나니, '그래 그렇지'하면서~ '우울함' 그림자 덕분에 가능했던 '빛'의 일들이 떠올랐다. 상담 첫 날 우울함을 느낀 날이었는데, 그날의 감정이 사랑스럽게 느껴지면서, 우울함 밖으로 나와 우울함 자체를 사랑하고, 우울함을 느끼는 나까지 귀여워하고 사랑해줄 수 있었다.

기능들은 모두, 버릴 것 없는 재료였다. 나는 그 재료를 감사히 여기며 나만의 예쁜 집을 짓는 데 사용해야지. 다짐도 했다. 다원 '재능'이라는 표현이 참 아름답다고 생각했다. 불안도 우울도, 모두 아름다운 재능이고, 집을 지을 수 있는 훌륭한 재료이다. 사람들이 자신의 특성을 고마운 재료로 바라보고 그것을 활용할 수 있는 효과적인 도구가 되어줄 것 같다. 일단 나부터 그렇게 활용을 해야겠다.

어머니 프로파일을 통해 굉장히 재밌고 감사한 깨달음도 얻었다. 어렸을 때, 내 얘기는 들어주지 않고 어머니 힘들었던 얘기, 겪었던 일을 계속 늘어놓으셔서 서운했던 일이 떠올랐다. 어머니는 ○○이신데, 환호 받고 싶은 ○○기질의 특성 부분을 읽고 나서 웃음이 나왔다. 명상을 통해 그런 어머니의 모습을 인정하고 사랑하려 했었는데, 다원재능 프로파일에서는 사랑'하려 할 필요'도 없이 그저 '아~'하고 받아들여지는 효과가 있는 것 같다. 그래서 그러셨구나. 그런 어머니가 더 사랑스럽고 귀엽게 느껴졌다. 지금은 어머니께서 자기 얘기하실 때마다 일부러 더 관객마냥 환호해드린다. 신나게 얘기하시는 모습이 재밌기도 하고 귀여우시기도 하다. 일부러 이번에 처음으로 운동 PT 등록하실 때, 트레이너님께 '저희 어머니는 칭찬해 주시고 환호해 주면 엄청 즐겁게 참여하실 거예요.' 라고 말씀드렸다. 운동을 그리 싫어하시던 어머니께서 복습까지 하시고 즐겁게 배우신다. 기질을 이해하고 가족을 바라보니, 모습 하나 하나가 조금 더 가볍게, 사랑스럽게 다가온다. 다른 많은 가족분들도 이런 경험을 하시면 좋겠다는 생각이 절로 들었다.

열넷)

우리 가족은 기질기호와 기질 이름을 읽어 보는 것만으로도 그들이 다르게 보였다. 그저 아이의 겉모습만 보고, 큰 아이의 배려심 많고 수줍음, 내성적인 부분, 예민함 등을 보고 그렇게 판단했구나. 둘째는 목소리가 크고 자기 주장과 의지가 강한 편이 많아서 P겠지했는데 이주아 대표님이 주의를 주신 이유를 알 수 있었다. 나는 나의 필터로 판단하고 바라보고 있었다. 인품재능을 비교해서 보던 날 차오르던 행복이 생각난다. 나의 말하기 좋아하는 기질과 신랑의 경청의 인품이 우리를 가족으로 만든 큰 공로구나. 담대와 투지가 우리집에서 가장 높은 큰 아이가 그래서 여기저기 올라가고 매달리며 몸을 겁없이 잘 쓰는구나. 참 신기했다. 큰 아이의 자기애와, 확신, 뭔가 한번 시작하면 불러도 안

들릴 정도로 집중하며 끝내고 보는 추진력, 말과 동시에 바로 행동하는 실행력 그리고 정보에 대한 관심이 이해가 되었다. 또한 둘째 아이의 자신의 영역을 침범했을 때의 절규 섞인 울음과, 말 한마디에 큰 감정 변화를 일으키는 것, 이 모두를 인정해 주는 것이 중요하다는 걸 느꼈고 내가 그렇게 했을 때 아이가 편안해하는 걸 볼 수 있었다. 또한 둘째의 많은 질문과 뛰어난 모방력을 긍정적으로 잘 살릴 수 있도록 고민하는 것도 앞으로 우리가족의 과제중 하나이다. 또 다른 서막이 시작되었다. ^^

열다섯)

결혼 당시에 나와 너무나 달랐던 남편의 논리성, 철저한 분석력, 부드러운 수용의 자세 등이 좋아서 상호 보완이 되겠다는 확신으로 인연을 맺었던 기억이 난다. 그러나 나의 열정과 자유를 갈망하는 모습이 그에게 들이대고 제어가 안되는 피곤함으로 다가왔고 나에겐 그의 비밀스럽고 몰두하고 안정지향적인 모습이 답답하고 융통성 없음으로 쌓여갔다. 고부갈등까지 섞인 상황에 수년간에 걸쳐 심리상담과 정신과 치료를 병행했으나 서로에게 거는 기대감이 그대로인채 팽팽하게 대치했다. 가족은 사회적 관계의 가장 기본형이기에 성별이 다른 두 남매 아이들의 갈등도 왕성(ㅋㅋ)하다. 그러던 중 다원재능검사를 알게 되었고 가족 4명의 프로파일을 검사를 통해 접해본 결과는 반전에 반전이었다. 겉으로 보이는 양상으로만 판단하고 행동했던 많은 일들이~ 각 개인의 선천성,후천성, 현상황의 종합적인 심리재능이 존중받지 못해서 수많은 갈등을 빚어내고 있었음을 알게 되었다. 우리 가족은 P, R, I, S 모든 요소가 겹침없이 골고루 존재하고 있다. 고로 사회화보다 영성화의 강점으로 만나야 하는? ^^ 쉽지 않은 그룹이다. 선택할 수 없는 부분이라면 기꺼이 받아들이고 서로의 재능과 난관을 알아서 그 과정이 힘들더라도 이해하며 성장할 수 있기를 기원한다.

열여섯)

오래 집을 찾아 방황했었습니다. 어렸을 때 엄마와 갈등이 심했고 '나는 집이 있지만, 집은 없어'라는 생각을 자주 하면서 살았습니다. 집에 들어가면 늘 불안한 것은, 예측되지 않는 집안 분위기가 원인이라고 생각했습니다. 엄마를 나중에 머리로 이해한다고 생각했지만 모두 엄마의 욕심 때문이라고 판단하고 증오까지 올라왔습니다.

저의 이런 생각은 엄마 비슷한 사람들에 대한 색안경으로 작동해서 학교에서도 사회생활을 하면서도 어려움이 많았습니다. 시간이 많이 흘렀고 다양한 활동으로 이해와 수용. 치유의 시간이 있었지만, 다원재능을 통해 아주 명료하게 알아차리게 되었습니다. 이 모든 것이 나의 심리기질 안에 있었던 것이었구나!

그렇게 집에서 이루어지기를 원했던 평화, 소통, 공정. 선천적으로 내가 갖고 태어난 중요한 가치였다는 것을 보면서 소름이 끼칠 정도였습니다. 엄마에 대한 섭섭함이 분노나 증오로까지 연결했던 것은 나의 무의식적으로 쓰는 시나리오가 큰 이유였다는 것을 알아차리면서 애도가 올라왔습니다. 내 안에 있었던 것인데 너무 오랜 시간 외부에 투사하고 미움으로 삶을 거칠게 만들었던 나를 온전히 바라볼 수 있게 되었습니다.

이렇게 나의 선천성을 이해하고 나니 현 가족 특히 신랑의 기질이 궁금해졌습니다. 이해가 되면 가슴에 맺혔던 오래 묵은 원한도 풀어지는데 그보다 훨씬 가벼운 문제들은 얼마나 편안해질까 하는 기대가 있었기 때문입니다. 신랑의 밝고 단순한 매력 덕분에 신랑과 결혼까지 결심했지만, 막상 한집에 살아 보니 갈등이 있을 때 너무 단박에 잘라서 "나가!" 이 한마디 말로 대화를 끊어 버리는 모습에 상처받았습니다. 그런데 이제는 단순하게 집중하고 싶었던 순간이었다고 이해하게 됩니다. 물론 나보다 훨씬 빨리 풀어지는 모습을 보면서 '저 사람 왜 저래?' 하면서 속으로 생각했던 것도 웃으며 돌아보게 됩니다.

어떤 때는 너무 자기 좋은 것만 하고 주변을 살피지 않는 사람이 또 어떤 때는 지나칠 정도로 예민함을 보이는 모습도 그의 대표기능이과 바탕기능 때문임을 알게 되니, 자연스럽게 일어날 수밖에 없었던 일이라는 것을 알고 나서는 일을 할 때는 진취적이고 단순하게 그것만 바라보고 집에서 쉴 때는 단란하고 상냥하기를 바랄 수 있다는 것이 쉽게 이해가 되었습니다. 문장 하나 하나 읽으면서 예전에 있었던 상황들과 매칭되고 '그래서 그랬구나!'라는 말이 절로 나오곤 했습니다. 이제 더는 그의 기질로 인한 행동을 비난하는 마음으로 보지 않을 수 있다는 것이 제게는 엄청난 평화로 다가옵니다.

오래 '집'을 찾았기 때문에 지금 내가 만난 가정을 잘 가꾸고 싶은 간절함이 있습니다. 이제 막 다원재능을 알게 된 것이니 앞으로 주어진 선천성이 모두 재능이라는 것을 알고 살면서 나도 가족도 돌볼 수 있게 되었습니다. 앞으로도 선천성을 깊이 이해하고 타고난 기질을 사랑하고 존중하면서 살아가겠습니다.

열일곱)
다원재능을 심리검사를 통하여 아이가 왜 그러는지 남편이 왜 그러는지 상황을 이해하게 되었다. 또한 어떤 말을 할 때 듣기 좋아하고 어떤 말을 할 때 싫어하는지 아니까 상처받지 않고 상처주지 않을 수 있다. 특히 둘째 딸은 기질이 ○○인데 나는 늦게 들어온다고 비난하고 혼내면 변명하고 화를 내고 입을 다물고 인정하지 않아서 화가 났는데 그 아이에게는 어떻게 해야 하는지 이제야 알겠다. 가족을 이해하는 데 도움이 상당히 된다.

열여덟)

　시골 오가는 차 안에서 남편과 딸아이가 함께 자신의 프로파일을 읽고 스스로 어떻게 생각하는지, 또 다른 사람들은 어떻게 생각하는지에 대해 나누면서 그동안 이해하지 못하던 가족들의 행동과 태도에 대해 이해하게 되었습니다. 각자 자신의 천성대로 살아가고 있음이 분명하게 보였고 또 서로 달랐기에 이해하지 못했던 사건들을 얘기하고 나누며 사과하고 인정하며 화해하는 시간을 가졌습니다. 남편과의 관계에서 불만스럽게 가지고 있던 문제는 저의 욕구 때문이지 남편의 태도가 행동 때문이 아니라는 것, 즉 누구나 그런 욕구로 불만스러워 하지는 않는다는 것을 알고 인정하게 되어 불편감을 덜 수 있었습니다. 또한 시댁과 친정 양가에 대하여 의논할 때 나의 얘기를 잘 들어주고 함께 의논하여 결정을 내리는 편안한 과정이 남편의 바탕 기질 덕분이었던 것을 알게 되었습니다. 결혼 전 남편의 ○○ 기질 모습을 주로 보아왔었기에 아내인 내가 적절하게 잘 내조하여 다툼없이 관계를 잘 유지해왔다는 자부심이 있었는데 알고 보니 남편의 바탕 기능이 ○○로 가정과 친밀한 관계에서의 태도가 ○○기질과는 다르다는 것을 알게 되었습니다.

　칭찬이 고래를 춤추게 한다하여 딸아이에게 칭찬을 많이 하였는데, 딸아이는 엄마가 하는 칭찬을 들으며 '내가 그 부분이 부족하다는 것인가?'라며 항상 불편했었다고 해서 깜짝 놀라기도 했습니다. 아이도 저도 그것이 모두 자신의 천성에서 기인한 것이라는 것에 놀라며 인정하며 불편감을 해소하였습니다.

열아홉)

우리 가족은 P, S, R로 조합된 프로파일을 가지고 있다. 큰아들은 어릴 때부터 힘들지 않게 잘 적응하고 내가 힘들지 않게 잘 자라줬다 라는 느낌이 아마도 이런 비슷한 심리기질 때문인 거 같기도 하다. 반면 작은아들은 어릴 때부터 많이 힘들었다. 놀이방에 적응하는 것부터 큰아들과는 달랐다. 정서적으로 민감한 기질이어서 예민했던 작은아들의 행동이 이해가 된다. 남편은 사회와 가족, 외부의 요구에 부응하며 살아오느라 자신의 재능을 맘껏 펴지 못하고 살아왔고, 이제서야 조금씩 그 재능들이 발현되고 있음을 느낀다. 남편이 집안 살림하면 엄청 잘할 거 같다고 자주 언급하는데 평소 집안 청소며 가구배치 등 집안 꾸미는 거를 좋아하고 아주 잘하는 것 같다. 나보다 살림하는 건 실력이 좋다. 그리고 보면 서로가 서로의 단점을 보완하고 서로를 만족시켜주고 있는 듯하다. 아이들의 타고난 심리기질도 내가 이해하기 어려운 기질이 아니어서 다행이기도 하다. S를 모두 가지고 있는 우리 가족은 생일 파티라도 하게 되면 분위기가 참 좋다. 이런 나의 가족이 더더욱 사랑스럽다.

스물)

오랜 시간 마음속에 무겁게 자리했던 아빠와의 관계에서 이제 아빠도 나도 더 편하게 따뜻하게 대할 수 있는 힘이 생겼어요. 원인을 알 수 없는 질병이 오니까, 뭐 좀 해 보려고 하는데 세상이 날 도와주지 않는 구나란 생각이 들고, 몸이 아파서 평범한 회사생활은 못하겠구나 싶은 생각에 많이 힘들었습니다. 다원재능을 하면서, 다원재능과의 인연, 이주아 교수님과의 인연의 의미를 점점 더 알아갑니다. 나는 진짜 이렇게 살 수밖에 없었던 사람. 스스로를 너무 채찍질했구나. 멍청하다. 왜 이리 뒤처져 있니? 채찍질 하던 나. 내가 스스로 치유할 수 있겠구나 확신하게 됐어요. 스스로를 사랑하지 못하고 스스로를 공격하는 저. 아픈 것이 약점이라 생각했던 불편감. 이주아 대표님 명상수업과 개인 코칭을 받고, 연이어 다원재능 공부를 하면서, 이건 내 약점, 인생의 걸림돌이 아니다라는 지점을 넘게 되었어요.

스물 하나)

나와 아들의 기질을 보면, 나는 ○○ 아들은 ○○이다. 코로나19로 인해 나도 일을 쉬게 되었고, 아들도 온라인수업을 하게 되어 다원재능 심리학을 알기 전에는 굉장히 마찰이 심했다. 나와 아들은 아들은 나가서 활동을 하고, 교류를 해야 살맛이 나는데 그러지 못하니 힘들었다. 같은 ○○기질을 가지고 있어 서로의 말은 듣지 않고, 자기의 말만 하려고 했고, 말싸움을 시작하면 끝이 없이 이어져갔고, 어떨 때는 버릇없다고 느껴질 때도 많았다.

다원재능심리학을 공부하다보니 이 모든 것이 나의 기질과 아들의 기질로 인해서 발현된 것임을 알게 되었고, 나도 그 이후로 덕성, 수행능력 코드를 상황에 맞게 불러주곤 했다. 내용에 대해 얘기해주며 의미를 되새겨주니 신기하게 숙제를 힘들어하면서도 끝까지 마무리를 잘한다. 정말 코로나로 힘든 전세계의 엄마들에게 다원재능심리학을 소개시켜주고 싶다. 다원재능심리학을 몰랐다면, 이번 한해는 정말 힘든 한 해가 되었을 것이다. 난 아마도 계속 강압적으로 무조건 가르치려고만 했을 것이다. 아들이 원하는 걸 들어주지 않아서 마찰이 계속되었을 것이다.

하지만 다원재능심리학을 알게된 이후로는 아들이 원하는 것을 들어주면서 좋아하는 것에 집중할 수 있는 시간을 충분히 준 후, 학습을 하기 시작하면서 집에서의 학습분위기도 점차 좋아지고 있다. 계속 아들 자체를 인정해주고 사랑해주면서 자존감이 높은 아이로 키우고, 기질에 맞는 재능을 찾을 수 있도록 도와주어야겠다.

스물 둘)

소소히 상담을 하면서 느꼈던 딜레마라 할까.. 모든 내담자는 다 다른데.. 일관되지 않는 나의 주관적 태도와 생각으로 나의 식대로 상담을 하는 것에 대한 풀리지 않는 갈증이 있었다. 현대 심리학 관점에서 불건강한 CTD에 대한 집중으로 상담을 진행하려고 한 나의 모습에 다른 방법은 없을까란 고민도 해보는 시기였다. 다른 관점으로 이상행동이 사람의 기준으로 질병 분류 및 진단들이 나오는 것에 붙여지는 이름표처럼 따라다니는 것에 대한 모순이 있다고 생각한 부분도 있었는데.. 다원재능의 기질해석상담사라는 말이 알아가면서 한 사람을 온전히 객관적인 프로파일로 바라 볼 수 있고 주어진 달란트로 바라보는 것에 내안에 갈등 되는 질문에 어느정도 해답을 얻을 수 있었으며, 마음에 와 닿았다. 그리고 특허를 가진 분석 장치로 개인별 프로파일이 제공되고 구체적이고 삶에 적용 할 수 있게 제공 되는 것에 새로운 발견이었다.

개인적으로 사이코드라마라는 심리극을 통해 경험형상으로 재경험하게 하여 자기 돌봄에 도움을 주고자 배운 것도 함께 활용하여 나의 생각과 기준이 아닌 내담자에게 온전히 집중하여 사랑받는 존재로서 인정해주고 소중하고 귀중한 달란트 받은 존재로서 세상을 살아가고 있는 것에 스스로 알게 해주는 해석사가 되고 싶다.

스물 셋)

처음 '다원재능 전문가 과정'의 소개를 듣고, 선천적으로 타고난 나의 기질의 특성을 세밀하게 설명한 프로파일을 접했을 때, 그야말로 내 마음속에서 "이거다!"라는 외침이 터져 나왔습니다. 그동안 저 스스로 믿음 작업을 하고, 내담자분들의 내면을 탐구하고 상담하면서 '조금 더 쉽고 재밌는 무의식 정화 방법은 없을까?' 고민해왔었는데, 바로 이 과정이 제가 그토록 찾고 있었던 것임을 직감한 것입니다. 검사를 마친

후 곧바로 등록을 결정했습니다. 지금 돌아보면, 올해 가장 잘한 일 중 하나였다고 확신합니다.

이 과정을 통해 저는 저다운 삶을 살기 위한 구체적인 방법을 알게 되었습니다. 과정을 등록한 본래 목적은 명상 안내에 도움을 받고자 함이었으나, 그보다 더 크게 도움받은 부분이 바로 스스로에 대한 이해와 사랑입니다. 기질 전체와 종합 프로파일에 담긴 의미를 깊게 공부하면서, 그동안 많이 안다고 생각했던 저를 더 깊게 들여다본 것 같습니다. 마치 우리나라를 충분히 안다고 생각했는데, 더 큰 세상을 공부하고 세계를 여행하고 오니, 우리나라가 다시 더 깊이 이해되는 느낌이랄까요? 제가 스스로 인정해 주지 못했던 재능을 다시 한 번 더 감사히 바라보게 되고, 제가 만났던 난관들을 다시 한 번 더 안아줄 수 있게 된 소중한 시간이었습니다.

기질을 통해 사람들의 각기 다른 재능과 그들이 겪는 난관을 이해하게 되면서, 타인에 대한 이해의 폭이 한층 넓어졌습니다. 이전에 제가 의도적으로 훈련하며 실천했던 '사랑하자' '긍정적으로 바라보자'라는 생각은 이제 훨씬 자연스럽게 "그래서 그랬구나" "그렇구나"로 옮겨졌습니다. 특히 제 가족의 기질을 살펴보며, 예전에는 불편하게 느껴졌던 그들의 말과 행동을 이제는 더 깊게 이해하고 받아들일 수 있었습니다. 그들의 마음을 더 깊이 이해하게 되면서, 그들이 좋아하는 것과 잘

하는 것을 알게 되었고, 이제는 말하지 않아도 그들에게 진심 어린 응원을 보낼 수 있게 되었습니다. 내가 주고 싶은 것을 주는 것이 사랑이 아님을 알아, 그들이 원하는 것을 주는 진정한 사랑의 방식으로 조금 더 넓혀갈 수 있었습니다.

뿐만 아니라 이 과정을 통해 저는 심리에 대해 깊은 관심이 없는 사람들도 내면을 들여다볼 수 있도록 도와주는 강력한 자원을 얻게 되었습니다. 다원재능 전문가는 '해석 전문가'로서, 내담자가 자신의 기질에 대한 프로파일을 잘 해석하고 이해할 수 있도록 도와주는 역할을 맡습니다. 프로파일 자체에 이미 구체적으로 특성과 설명이 잘 나와 있어서, 제가 성찰을 돕는 안내자 역할을 충실히 하면, 내담자분께서 스스로 "아하!"하는 깨달음을 얻어 가실 수 있습니다. 덕분에 전문가 과정을 마치고 바로 활동을 시작할 수 있었는데, 자신이 먼저 시원한 해방감과 자기 사랑을 경험하시고, 주변 가족이나 친구들에게 소개해 주는 경우가 많아 행복함과 뿌듯함, 감사함을 많이 느끼고 있습니다.

이 과정은 제게 단순히 이론적인 지식이 아닌, 실제로 제 삶을 변화시키는 힘이 되었습니다. 제 삶을 사랑으로 더 채우고, 주변 분들에게 더 많은 구체적인 사랑과 이해를 전하게 해 주었습니다. 솔직한 마음으로는 심리상담이나 명상안내를 하는 분들이나, 저와 비슷한 여정을 걷고 있는 분들께 추천하는 것을 넘어서, 이 과정을 모든 분들께 강력히 권하고 싶습니다. 자신과 타인의 기질을 이해함으로써 스스로를 더 깊이 사랑하실 수 있는 쉽고 효율적인 과정이 될 것입니다. 자연스럽게 관계가 좋아지고, 내 마음이 더욱 평온해질 것입니다. '다름'이 불편함이 아니라 '보완과 합력'의 관계로 보이게 될 것이고, 그렇게 협력의 관계에서 나의 재능과 소망을 이 세상에 마음껏 펼치실 수 있게 될 것입니다.

마지막으로, 이 모든 과정을 주아 선생님과 함께할 수 있었던 점이야말로 제겐 큰 행운이었습니다. 명상과 마음챙김명상, 기공, 아로마 등등 통합 치유를 오래 배우시며 꾸준히 수행하신 선생님 덕분에 단기간에 깊이 있는 배움을 얻어갈 수 있었습니다. 천 명이 넘는 분들을 만나시며 직접 경험하신 이야기, 스스로 성찰하신 부분을 구체적으로 나눠주셔서 이해가 쉽게 되었습니다^^ 단기간에 이렇게 활용하는 단계까지 나아간 데에는 자원의 힘과 선생님의 힘 덕분입니다. 진심으로 감사합니다~!

귀한 인연과 자원과 그 안에 담긴 노고에 감사하며 진심을 담아 씁니다. 많은 분들께서 기질을 알고 나의 재능 마음껏 펼치면서 즐거운 인생 사시길 응원드립니다. 감사합니다^^

이렇게 PRIS기질진단기반 코칭으로 만난 분들의 몇몇 후기들을 나눠

봤어요. 언급했듯이 저는 12년간 기질검사기반으로 심리진로 코칭을 하며, 1천명 가까운 분들을 통해 많은 소감을 들었어요. 있는 그대로의 천성심리를 모른 채, 특히나 활동과 쉼의 코드가 다른 채, 좋아함과 잘함의 코드가 다른 채, 옳고 그름과 좋고 싫음의 코드가 다른 채 살아오면서 얼마나 많이 헷갈리고 스스로가 이해가 안되고 이중적으로 여겨졌는지. 그것을 모른 채 얼마나 많은 갈등을 겪어야 했는지 등의 스토리들을 들으며 저는 여러번 울컥했습니다. 그 힘듦을 알기에. 그리고 이제 그것을 품고 자신의 있는 그대로를 사랑하고 재능삼아 나아가는 기쁨을 누릴 것을 알기에요.

마음의 잡념과 걱정이 저절로 줄어드는 경험.

신체적 에너지 고갈 속에서 균형함을 얻으려 애써온 삶.

사람과 직장생활에서 항상 부족함이 느껴졌던 것들.

많은 것에서 해방감을 느끼는 경험.

가족이 힘들어하는 줄도 모르고 자신의 프레임에 갇혔던 자신을 보는 경험.

자신의 모든 말과 행동 감정에 다 이유가 있었구나를 알게 된 명료함의 경험.

자신도 모르게 재미를 느꼈던 자신의 행동에 대한 재능의 발견.

당연하다 생각했던 모습이 자신의 기준이었음을 철저하게 직면하면서 오는 성장감.

걸어온 삶의 실수조차 품게 되는 자기수용성의 경험들을 나누어 주었습니다.

끊임없이 자신의 천성심리 안에서 고뇌하고 살았던 자신을 발견하고 이제 그 고뇌를 탈출하는 문을 발견한 것 같다는 경험.
자신에 대한 앎의 깊이가 한없이 깊어짐을 느끼는 경험.
산만하다고 생각했던 호기심이 자신의 재능임을 알고 받아들이게 된 경험 등 지면에 모두 담기에도 부족할만큼 많은 스토리들이 있습니다.

많은 사람들이 하루라도 빨리, PRIS진단기반 코칭을 통해 새롭게 자신을 이해하는 기회를 많이 가지시기를 간절히 바랍니다.

12년간 진행하고 있는, 전국민 천성기질 알기 프로젝트!
행복한 대한민국 만들기 프로젝트!를 통해 나 자신과 가족을 있는 그대로 사랑하는 최고의 방법을 널리 알리는 프로젝트는 앞으로도 주욱~ 계속 됩니다. ^^

에필로그

저는 기질진단기반의 코칭을 하면 할수록 기질을 바르게 진단하고, 그것을 통해 자신과 삶, 인간존재의 본질에 대해 아는 것의 중요성이 더 강렬해짐을 느끼곤 해요. 한 분 한 분 기질을 알고 자기사랑, 가족사랑, 인간 본질과 인간 삶에 대한 이해 확장 등이 되어지는 걸 보면서 감동받습니다.

그러면서, 나 자신이 조금 더 영향력 있는 사람이 되어, 이것을 보다 더 많은 사람들에게 알려나가고 경험시키고 싶다는 소망이 커지고 커졌어요. 그래서 이 책을 씁니다. 4년 전에 소책자로 적어두고 몇 년이 지연되었어요. 소명의식이 커지고 커져, 더 이상 미룰 수 없어 바쁜 시간을 쪼개어 썼습니다. 책을 쓰다 보니 어김없이 그 소명감이 강화되는 걸 느껴요. 특히나 많은 분들이 들려주었던 후기들의 일부를 책에 옮겨 보면서, 그리고 이 기질진단 코칭에 가치를 느껴 전문가까지 선택했던 수십 명의 분들을 다시금 떠올려 보면서 이 책이 영향력 있기를 더욱 소망하게 됩니다. 저를 비롯한 많은 전문가들이 더 활발하게 쓰임받을 수 있는 계기가 될 수 있기를 간절히 소망하게 됩니다.

이제 부모에게 받은 상처를 찾는 데 집중하고, 가정환경과 양육환경이나 부모 탓을 하는 문화가 아니라, 자신의 주체성을 회복하고 모든 것의 원인을 자신의 내면에서 발견하는 것이 상식인 문화가 되기를 바랍니다. 그리고 개개인이 있는 그 모습 그대로 얼마나 고귀하고 아름다운 존재인지를 알게 되기를, 자기다움이 무엇인지 구체적으로 알고, 그 빛깔대로 행복한 여정을 선택할 수 있기를 바라게 됩니다. 자기답게 행복한 개개인을 통해 대한민국의 행복지수가 이제 상위권이 될 수 있기를 바라게 됩니다.

유투브, 언론, 방송, 기관, 기업, 단체 등 다양한 곳에서 편하게 인터뷰 및 교육을 요청해 주시면 기꺼이 달려가고 싶습니다. 세바시, 지식인사이드, 부모교육 포럼 등 어디든 달려가 경험을 나누고 글에 적은 것들이 무엇인지 경험시켜 드리고 싶습니다. 이 간절함이 인연닿는 존재들에게 공명되기를 소망합니다. 감사합니다. 사랑합니다. 축복합니다.

2025년 1월 이주아 드림

부록

01. 아이 기질별 신학기 매뉴얼

다원재능심리학 PRIS기질 144가지는 활동기질과 쉼기질의 조합으로 구성이 돼요. 실제 진단을 해 봐야 그 기질조합을 알 수 있고 수십 장의 결과프로파일을 통해 섬세하게 성찰할 수 있어요. 하지만, 약식으로 PRIS 4기질 카테고리 기질특성 일부를 재구성해서 작성해 본 아이 기질별 신학기 매뉴얼을 공유해봅니다. 제가 웅진씽크빅에 소개했던 글이기도 합니다.

새 학기를 앞두면 어떨까요? 새로운 친구들을 만나면 어떨까요?

P(열정형) 유형

심리재능의 아이는 평소에도 늘 뭔가 할 일이 없을까하면서 일을 계속 만들어 가고 싶은 열정의 재능이 있어요. 그리고 실제로 경험할 때 학습이 잘되는 재능이라서 직접 몸으로 부딪히면서 익히는 체험형 놀이 학습에 탁월해요.

새 학기를 앞두고 약간의 흥분 상태가 될 수 있어요.
막상 새 학기가 되어, 새로운 친구들과 선생님을 만나면 반가움을 말보다는 몸으로 먼저 표현하느라 산만해 보일 수 있고요. 이 때, 눈총을 주거나, 제발 가만히 좀 있어!라고 혼내면, 내가 잘못된 것이구나 하며, 위축되면서, 자신도 모르게 드러나게 되는 열정과 적극성의 재능을 미워하게 되고,

그 재능이 숨어 버리게 돼요. 이야기를 해 주는 게 필요할 땐, 열정과 적극성의 재능이 있는 ~야, 잠시만, 앞의 이야기에 집중할 수 있도록 도와줄래?라고 이야기하면, 마음도 살아나고 재능도 살아나게 돼요^^

R(현실형) 유형

심리재능의 아이는 평소에도 급하지 않고, 주어진 일을 완벽하게 해내고 싶어 하는 신중함과 완벽함의 재능이 있어요.

그리고 실제로 보고 따라할 수 있는 모델이 있을 때 학습이 잘되는 재능이라서 주어진 틀을 이해하고 응용하는 규범형 학습에 탁월해요. 새 학기를 앞두고 약간의 긴장 상태가 될 수 있어요. 막상 새 학기가 되어, 새로운 친구들과 선생님을 만나면 다른 사람의 눈치를 보기도 하고, 말없이 이럴까 저럴까 망설이는 모습에 답답해 보일 수 있어요. 이때, 눈총을 주거나, 제발 말 좀 하라고 혼내면, 내가 잘못된 것이구나 하며, 위축되면서, 자신도 모르게 드러나게 되는 신중함과 완벽함의 재능을 미워하게 되고, 그 재능이 숨어 버리게 돼요. 이야기를 해 주는 게 필요할 땐, 신중함과 완벽함의 재능이 있는 ~야, 잠시만, 긴장이 풀리고 준비가 되면 너의 이야기도 들려주렴 하고 이야기하면, 마음도 살아나고 재능도 살아나게 돼요^^

I(정보형) 유형

심리재능의 아이는 평소에도 호기심이 많고, 알고 싶은 것이 많아 많은 정보를 흡수하고 싶어 하는 호기심과 표현력의 재능이 있어요. 그리고 실제로 질문을 하고 답을 듣고 할 수 있을 때 학습이 잘되는 재능이라서 토론이나 질문형 학습에 탁월해요. 새 학기를 앞두고 약간 들뜬 상태가 될 수 있어요. 막상 새 학기가 되어, 새로운 친구들과 선생님을 만나면 모든 상황이 궁금하고, 새로운 친구들이 궁금해서, 호기심에 들떠 질문하고 말하는 모습이 산만해 보일 수 있어요.

이 때, 눈총을 주거나, 제발 말 좀 멈추라고 혼내면, 내가 잘못된 것이구나 하며, 위축되면서, 자신도 모르게 드러나게 되는 호기심과 표현력의 재능을 미워하게 되고, 그 재능이 숨어 버리게 돼요. 이야기를 해 주는 게 필요할 땐, 호기심과 표현력의 재능이 있는 ~야, 잠시만, 다른 사람의 이야기를 듣고, 네 차례에 맘껏 이야기해 줄래? 하고 이야기하면, 마음도 살아나고 재능도 살아나게 돼요^^

S(정서형) 유형

심리재능의 아이는 평소에도 감정 경험을 많이 하고, 사람의 마음을 잘 헤아리고 느끼는 정서적 민감성과 배려의 재능이 있어요. 그리고 실제로 따뜻한 마음을 주고 받을 수 있는 정서적 안정상태에서 학습이 잘되는 재능이라서 정서 화목형 학습에 탁월해요. 새 학기를 앞두고 약간의 예민 상태가 될 수 있어요. 막상 새 학기가 되어, 새로운 친구들과 선생님을 만나면 튀지 않으면서 사람들과 상황을 관망하느라 민감해져 있는 모습이 여리면서도 깐깐해 보일 수 있어요.

이 때, 나약해 보인다거나, 제발 표정 좀 펴고 잘 어울려 보라고 하면, 내가 잘못된 것이구나 하며, 위축되면서, 자신도 모르게 드러나게 되는 정서적 민감성과 배려의 재능을 미워하게 되고, 그 재능이 숨어 버리게 돼요. 이야기를 해 주는 게 필요할 땐, 정서적 민감성과 배려의 재능이 있는 ~야, 우리는 네 편이야. 너를 존중해. 우리가 편안하게 받아들여지게 되면 언제든 너의 이야기도 들려줄래? 하고 이야기하면, 마음도 살아나고 재능도 살아나게 돼요^^

02. 12개 기질 프로파일 구성내용

기질검사 프로파일은 총 12개로 되어 있어요.

각각의 목적별로 나뉘어져 있고요.

간략하게 아래와 같아요.

(1) MT-PRIS 심리기질 (총21쪽)

(2) DISC행동유형 (총5쪽)

(3) MT-LS 학습스타일 (총21쪽)

(4) MT-CT 수행능력/덕성능력 (총10쪽)

(5) MT-EI 자아형상(1)(2) (총8쪽)

(6) MT-AD 동극기질/상극기질 (총10쪽)

(7) MT-PC 심리소통 (연인/부부/가족소통) (총14쪽)

(8) MT-VC 직무적합성(1)(2) (총16쪽)

(9) MT-HV 홀랜드직업 (총12쪽)

(10) MT-MI 다중지능적합성 (총14쪽)

(11) MT-EOTI(1) 에니어그램 (총16쪽)

(12) MT-EOTI(2) 에니어그램2 (총8쪽)

03. 심력명상 치유센터 및 저자 소개

심력명상치유센터는 BEEMSS(Body, Energy, Emotion, Mind, Soul, Spirt)의 통합적인 전인치유와 건강으로 안내하는 통합심신치유센터예요. 명상.심리.건강.영성분야 교육과 개인/가족코칭, 기업/기관 교육 및 전문가 양성을 합니다.

서울 2호선 교대역14번 출구 도보7분/서울 3호선 남부터미널역6번 출구 도보3분 거리에 위치해 있어요.

이주아 대표 소개

중3때 엄마와의 갑작스런 이별 후, 죽음으로 끝날 삶인데 인간은 왜 태어나 생.로.병.사와 희.로.애.락을 겪으며 살아야 하는가에 대한 깊은 의문이 들어 심한 방황을 했어요. 그러다 고등학생 때 우연히 명상과 인연이 되면서 몸과 마음 그리고 인간의 삶에 대한 다양한 명상, 심리, 건강, 영성 공부를 해온지 거의 30여년 가까이 되어가요. 스스로를 살리기 위해 시작한 공부가 소명이 되었습니다.

주인공(진아)으로 현존하며 사람들의 건강한 심신과 의식성장을 도와, 개인, 가족, 조직은 물론 지구촌 전체가 더욱 건강하고 아름다운 세상이 되기를 소망하는 마음으로 활동하고 있어요.

이 주 아

이 사람의 삶은

주 인공으로 현존하며 널리 이로움을 실천하는

아 름다운 인생!

〈학력〉

- 심신통합치유학 박사수료
- 다원재능심리학 박사
- 뇌교육학 석사

〈주요 이력〉

- 통합명상지도자 & 심신통합치유전문가 활동 25년
- 한국심신치유학회 이사
- 전) 다원재능심리학회 교수 7년 역임
- 전) 다원재능심리학회서울지회 회장 3년 역임
- 전) 다원재능 유아교육사업부 담당자 역임

〈주요 자격사항〉

- 국제 MBSR명상 지도자(Level1)

- 국제 히말라얀 싱잉볼명상 지도자
- 치유기공명상 마스터 지도자
- SIR마음챙김명상지도자
- 심력통합명상 지도자
- 웰다잉명상 지도자
- 한국코치협회 KPC프로코치
- 메디 아로마 전문가
- 수면코칭 전문가
- 웰빙행복지도사
- 통합웰니스코치

〈저서〉

- 단독 저서: 〈심력 MindEffect〉, 〈삶을 살리는 웰다잉명상〉
- 공동저서: 〈성공하는 사람들의 세 가지 루틴〉, 〈사랑하길 잘했다〉
- 소책자: 〈우리 아이의 심리와 재능을 아는 가장 확실한 방법〉
- 2025년 상반기 출간예정:

1. 현대인을 위한 치유기공명상
2. 마음의 힘을 키우는 6단계 심력명상법, 심력명상(심력책 개정증보판)
3. 어린이 심력명상

04. 센터 명상.심리.건강.영성 프로그램

아래 4가지 영역에서, **일반인 대상 과정과 전문가 되기 과정**이 운영됩니다.

명상: 마음챙김명상, 치유기공명상, 심력통합명상, 싱잉볼명상,MBSR 명상, 어린이/청소년 마음챙김명상, 어린이/청소년 심력통합명상, 명상지도자 양성

심리: 기질진단기반 심리/진로 코칭 및 심리.커리어 코치양성, 다원재능심리학 전문가 양성

건강: 메디 아로마 전문가과정, 제로웨이스트강사양성, 수면 코칭 과정, 통합웰니스코치 양성

영성: 웰다잉 명상과 진아 명상 프로그램

기업.기관 강의 및 워크샵 진행
개인.연인.가족 상담 및 코칭 프로그램
맞춤형 통합웰니스 코칭 및 힐링 세션

05. SNS 링크와 문의처 안내

카카오 톡방: 심력명상 치유센터 공식 오픈톡방

https://open.kakao.com/o/gfvhyd1g

블로그: 심력명상 치유센터

https://blog.naver.com/happytalent

카페: 심력명상 치유센터

https://cafe.naver.com/juasolution

카카오 채널 소식 받기

http://pf.kakao.com/_qyEtxb

카카오 실시간 상담

http://pf.kakao.com/_qyEtxb/chat

유투브 심력명상 치유센터TV

https://www.youtube.com/@mindeffectmeditationhealingtv

페이스북: 심력명상 치유센터

https://www.facebook.com/maumsimschool

인스타그램: 심력명상 치유센터

https://www.instagram.com/meditationschool_jualee

06. 독자들을 위한 이벤트

(기한: 2025년 9월 말일까지/1.2번 중복혜택불가)

1) 심력명상 치유센터 카페에 가입 후 인사글을 남기면 센터 프로그램 1만원 할인권 제공.
2) 자신의 SNS에 책 서평을 올리고, 심력명상 치유센터 카페에 본문공유하면 기질진단기반 코칭 5만원 할인권 제공.
   (기질진단기반 개인코칭, 가족코칭, 연인/부부 코칭 및 그룹코칭과 기업팀 코칭시 활용 가능/온라인.오프라인 선택가능)

#기질진단 기반 온라인 그룹코칭 프로그램 예시#

[나 사용법 심리. 진로 온라인 4주 그룹코칭]

타고난 심리/적성 및 후천적 심리/적성 동시 분석, 48페이지 개인 PDF 프로파일제공

[교육 내용]

• 1회차
- PRIS심리기질 프로파일을 통한 타고난 내 심리기질 이해 VS 현재의 내 성격이해하기.
- 타고난 기질과 현재 성격의 다름을 통해 삶 돌아보기

- 자아형상을 통한 내 마음 층차별 이해.

• 2회차
- 인품재능 프로파일을 통한 타고난 내 수행능력. 덕성능력 이해 VS 내가 인지한 내 수행능력.덕성능력 이해
- 다름을 통해 삶 돌아보기.
- 안정욕구 재능별 그룹작업

• 3회차
- 직무적합성 프로파일을 통한 타고난 내 직무적합성과 역량 이해 VS 내가 인지한 내 직무적합성과 역량 이해
- 다름을 통해 삶 돌아보기
- 삶 속에서 발현된 내 재능 발견해보고 나눠보기
- 성취욕구 재능별 그룹작업

• 4회차
- 소통의 세 가지 차원 이해하기 및 내 삶의 소통 돌아보기
- 나다움의 행복한 인생 로드맵 설계해보기

[기질기반 자기 이해와 마음챙김명상 온라인 8주 그룹코칭]

다원재능심리학 천성기질 및 현재성격 검사기반 코칭 4주

(맞춤형 심력명상활용법 안내 포함) + 마음챙김명상 코칭 4주

[교육 내용]

• 1회차

- PRIS심리기질 프로파일을 통한 타고난 내 심리기질 이해 VS 현재의
  내 성격이해하기.

- 타고난 기질과 현재 성격의 다름을 통해 삶 돌아보기

- 자아형상을 통한 내 마음 층차별 이해.

• 2회차

- 인품재능 프로파일을 통한 타고난 내 수행능력.덕성능력 이해 VS 내
  가 인지한 내 수행능력.덕성능력 이해

- 다름을 통해 삶 돌아보기.

- 안정욕구 재능별 그룹작업

• 3회차

- 직무적합성 프로파일을 통한 타고난 내 직무적합성과 역량 이해 VS
  내가 인지한 내 직무적합성과 역량 이해

- 다름을 통해 삶 돌아보기

- 삶 속에서 발현된 내 재능 발견해보고 나눠보기
- 성취욕구 재능별 그룹작업

• 4회차
- 소통의 세 가지 차원 이해하기 및 내 삶의 소통 돌아보기
- 나다움의 행복한 인생 로드맵 설계해보기

• 5회차
- 메타인지의식 깨우기: 안다 명상 (기초. 심화).
- 자각의 삶 VS 자각이 없는 삶, 마음챙김 척도 체크하기
- 몸챙김:속속들이의 나의 몸과 친해지고, 나의 몸을 통해 메타인지의
  식을 깨우고, 몸을 잘 관리하는 방법을 터득합니다.

• 6회차
- 감정챙김: 나의 감정과 깊이 친해지고, 감정을 다루는 깨어있음을 터
득합니다.

• 7회차
- 관계챙김: 나의 관계를 돌아보고 관계에서 친절하게 소통하는 경험
  을 통해 깨어있는 소통법을 터득합니다.

• 8회차

- 생각챙김: 생각.신념.기억. 인식 등을 돌아보고, 그것들을 내가 원하
  는 방향으로 잘 활용하기 위한 깨어있음을 터득합니다.

* 명상실습은, 먹기명상. 기공명상. 바디스캔. 호흡명상. 자애명상. 걷
기 명상 등 기본 마음챙김명상 실습들과 심력명상치유센터 자체 실습
들이 더해져 진행됩니다.*

07. 참고도서

〈심력〉 (이주아 지음, 라온북, 2016)

〈우리 아이의 심리와 재능을 아는 가장 확실한 방법〉 (이주아 지음, 심력연구소, 2022)

〈MT-다원재능〉 (배원식, 다원재능연구원, 2016)

〈나는 무엇을 원하는가〉 (제임스 힐먼 지음, 나무의 철학, 2013)

〈심리치료를 하지만 세상은 왜 갈수록 나빠지는가〉 (제임스 힐먼 지음, 신인문사, 2015)

〈정신병을 만드는 사람들〉 (앨런 프랜시스 지음, 사이언스북스, 2014)